U0454841

李家黎 著

教师信念生成机制与策略研究

湖南省哲学社会科学基金一般项目（11YBA020）

湖南大学出版社·长沙

图书在版编目（CIP）数据

教师信念生成机制与策略研究/李家黎著. —长沙：湖南大学出版社，2020.11

ISBN 978-7-5667-2074-0

Ⅰ.①教… Ⅱ.①李… Ⅲ.①教师—信念—研究 Ⅳ.①G451

中国版本图书馆 CIP 数据核字（2020）第 237915 号

教师信念生成机制与策略研究
JIAOSHI XINNIAN SHENGCHENG JIZHI YU CELÜE YANJIU

著　　者：李家黎
责任编辑：方雨轩
印　　装：广东虎彩云印刷有限公司
开　　本：710 mm×1000 mm　1/16　印张：10.5　字数：127 千
版　　次：2020 年 11 月第 1 版　印次：2020 年 11 月第 1 次印刷
书　　号：ISBN 978-7-5667-2074-0
定　　价：42.00 元

出 版 人：李文邦
出版发行：湖南大学出版社
社　　址：湖南·长沙·岳麓山　　　邮　编：410082
电　　话：0731-88822559(营销部),88821343(编辑室),88821006(出版部)
传　　真：0731-88822264(总编室)
网　　址：http://www.hnupress.com
电子邮箱：501267812@qq.com

目　次

引 言

近年来，我国大力提倡教育观念的转变，但转变成什么样的观念？怎样转变？旧观念产生的根源是什么？新观念产生的动力又是什么？在特有的文化环境和教育理念与国外教育理论和思潮交流融合的同时，中国教育自身的文化又受到怎样的冲击和重建？这都是教育学界专家和研究者关注的焦点所在。在教育系统中，教师的自身改变与专业成长对教育改革起着至关重要的作用，而教师信念，作为教师的自身成长与专业发展的内在驱动力之一，它的生成、发展、完善，同样也是文化在教育中的反映。

（1）应然之源：信念是个体自身意义和价值的选择与判断，教育信念是教师专业发展、自身改变的内隐动力因素之一。

在人们的认识和实践活动中，每个人都会自觉地形成一套基于自身情感、态度和价值观的信念系统。马克思主义哲学认为，在认知和实践活动中，人的行动主要由信念与情感相结合形成的较为稳定的观念意识所支配。同时，信念是主体通过对实现理想目标的主客观条件的具体分析而确立的，其主要功能可以概括为"坚定意志—推进活动—实现目标"。从一定程度上来说，信念支配着人的行为，是经验认知在意识系统中的积累与建构，是个体洞悉事物的出发点和判断事物是非曲直的准则，是实践主体对客体的能动反映，是情感和意志相互作用的有机融合体，是个体人生观、世界观、价值观的内在统一。从哲学层面分析，信念决定了主体探究世界、自然、社会与自我关系的方式，决定人生的发展与价值、意义与作用、理想与信念。由此可见，信念作为人自身意义和价值选择的判断，影响着个体的不断发展和完善。

从 20 世纪 80 年代开始，随着学界对认知领域的进一步研究、教学范式研究的不断变革，研究者意识到教师在教学工作中的复杂性与独特作用。英美等国逐渐将对教师的研究范式从外在行为的单向度研究转向对教师内在思维与外在行为相结合的双向度研究。在研究过程中，"教师信念"成为颇受关注的主题之一。学者们认为，教育信念是教师从事教育工作、提升专业发展的内在动力因素之一，它的形成和发展影响着教师的教育价值取向、观念构架和教育行为的实施。研究表明，教师在其专业发展的过程中，教育信念既能提升教师素养与人格的完善，也能促进教师教学实践活动的效果和学生素质的发展。

我国在 20 世纪 90 年代颁布的《中共中央 国务院关于深化教育改革，全面推进素质教育的决定》中，对教师的教育信念提出了科学合理的要求。2014 年第 30 个教师节前夕，习近平总书记考察北京师范大学时提出新时代"四有"好教师的理念，其中"有理想信念"是最重要最关键的标准。2018 年 11 月 8 日，为深入贯彻习近平新时代中国特色社会主义思想、党的十九大精神以及全面落实全国教育大会精神，扎实推进《中共中央 国务院关于全面深化新时代教师队伍建设改革的意见》的实施，由教育部研究制定并颁布实施了《新时代高校教师职业行为十项准则》《新时代中小学教师职业行为十项准则》《新时代幼儿园教师职业行为十项准则》，它明确了新时代教师的职业规范，坚定了新时代教师的教育信念，深化了新时代教师师德师风建设、促进了新时代教师专业发展。

由此可见，作为教师对自身意义的追寻与自我价值的提升，教育信念在其专业发展和自身成长的过程中成为不可或缺的动力因素之一。教师自我成长的基础是教育信念的建构、发展和完善，教师专业发展是技术理性、价值理性与审美理性三者的有机统一。因此，教师信念的研究应作为教师改变自身、专业发展的一个重要方面，贯穿于教师教育的始终。

（2）实然之惑：教师教育信念的式微导致教师教学行为的异化、自身成长的滞退以及学生发展的缺失。

我国经济文化的飞速发展带来了教育领域改革创新的大好时机。自改革开放以来，我国教育事业有了长足的进步，综合教学水平、教学质量都有了质的飞跃。教师作为教学实践活动中不可或缺的关键因素，对我国教育起着举足轻重的作用。教师专业发展理论的提出和发展，给我国教师带来新机遇的同时，也带来了新的挑战。我国教师专业发展的意识与维度已有一定的革新，但其专业发展的意识与水平还远远落后于其他国家。

国外学者研究后发现，教师信念与教师的教学行为息息相关，教师信念的发展与完善可以改进教师的教学实践，而教学效能的高低对学生的发展有着重要的影响力和作用。教师信念、教学行为与效能、学生的全面发展，如同一环扣一环的链条，相互影响，相辅相成。我国学者在研究中发现，教师信念式微主要表现在教师专业发展的进程中，呈现出理想信念模糊、主流价值观缺失、社会责任感缺乏等诸多问题[1]，存在"抵制改变""敷衍应对""自我封闭"等心理状态，没有意识到教师信念的改变与完善对自身成长与发展的重要作用，呈现出不同程度的"危机化"和"磐石化"的现状。究其原因，除了政治、经济、文化等方面的影响之外，在教师专业发展自身成长的历程中，重视技术理性，忽略了价值理性和审美理性的存在，也是导致其教育信念式微的影响因素之一。

（3）必然之解：科学的教育信念指引教师成长的方向。

进入 21 世纪以来，经济全球化和信息高速化对教育提出了更高的要求。教师专业发展理论作为提高教师素养和教学水平的有力措施而在全世界范围受到广泛关注和认可。人生信念指引个体自身成长，是其生命意义与价值的指针，教育信念则是教师人生信念的教育化表现。在教师专业发展的过程中，作为教师专业素养的重要组成部分以及推动教师专业发展的动力因素之一，教育信念指引着教师专业发展的价值取向与实践导向，对人生发展起到先导性、基础性、动力性与全面性作用。[2]

在教育教学实践活动中，教师信念主要是内部思维与外部行为相互作用的反思实践结果。作为教师专业发展的核心要素之一，它体现了教师对教育与生命意义之间关系的理解与尊重，对教育活动的体验与感悟，对教育行为的内在阐释与表达，对专业与个体人生价值的解读与重构。由此可见，教师专业发展的过程，是教师对教师信念的阐释与建构过程，是教师个体价值的呈现与丰富过程，是

---

[1] 张容：《高校青年教师理想信念教育思考及对策探究——以地方本科院校青年教师为例》，《遵义师范学院学报》2020 年第 3 期。

[2] 姬建峰：《论教师的教育信念与教师专业化发展》，《教育与职业》2006 年第 26 期。

教师人生自我成长与实现的过程。

因此，教师信念与其自身专业发展有着不可分割的联系。教师专业发展始于教师信念的发展，也终于教师信念的完善。与此同时，我们还应意识到教师信念也是一把"达摩克利斯之剑"，科学合理的教师信念可以使教师更快地、更好地投入教学实践活动中，可以使教师在对教育以及教育行为中所蕴含的价值和意义有更深刻的理解之后实现自身的成长。反之，负向消极的教师信念会阻碍教师的专业发展和自我价值的实现。

信念是人们对自我价值实现的向往和追求，是随着生命历程的发展动态生成的。我们所熟知的优秀教师和专家型教师，都在教育实践活动中不断反思，发现问题、探索问题、解决问题；不断奉献，为了学生的全面发展，牺牲小我，成全大家；不断学习，吸收先进教育理念与教育方法，行为示范，终身学习……这些专业性的体现，正是源于他们树立了坚定而科学的教育信念。

教师信念指引着教师专业发展的方向，贯穿于教师专业发展的全过程。教师信念指引教师不断成长，其生成、发展和完善需要教师为此不断付出、不断努力。

第一章 教师信念的意涵与本质

"教师的信念——这是学校最宝贵的东西。"

——苏霍姆林斯基

黑格尔在谈到花蕾与果实的故事时说：花蕾消逝，花朵开放；花朵凋谢，果实收获。这是一个形象优美的描述：同样的事物，表现的形式不同，却成为有机统一。新的形式与内容是在先前存在的事物基础之上产生和出现的，在一定程度上，我们可以说黑格尔的观点正是"否定之否定"。当我们借用此观点来看待和分析教师信念时，会发现教师信念发展的每一阶段都是作为"中介"和"桥梁"而存在的，在教师专业发展的不同阶段，教师信念就像"花蕾—花朵—果实"的发展过程一样，处于经久不息的变化之中，源源不断地获得越来越丰富充实的内容。

一、信念的意涵与本质

（一）哲学视角

从古希腊时期开始，西方先贤就开始研究信念的意涵。随着近现代研究范式的革新，学科领域之间的相互交流和不断融合，相关领域也对信念显示出了极大的兴趣，并取得了丰硕的研究成果。

从哲学认识论领域来看，"信念"一词最初是出现在柏拉图所著的《理想国》一书中。他认为，信念是一种灵魂状态，是一种特殊的精神观念现象；他提出知识作为得到证明或辩护的真信念而存在。[①]

英国哲学家罗素认为："信念是表示一种心理或心理身体都包括在内的状态。是认识、情感和意志构成的融合体。"[②]

美国分析哲学家唐纳德·戴维森提出，信念就是有意向、愿望和感觉器官的人的状态，是由持有信念者的身体之内和之外的事件所引起的状态。[③]

德国哲学家维特根斯坦将信念解释为，所信唯有作为我们行动的指导原则时才是我们的信念。

休谟将信念看作是心灵对观念的某种强烈活泼的想象，并将其

[①] 柏拉图：《理想国》，张子菁译，光明日报出版社，2006，第102—106页。
[②] 罗素：《人类的知识》，张金言译，商务印书馆，1983，第137页。
[③] 唐纳德·戴维森：《真理、意义、行动与事件》，牟博译，商务印书馆，1993，第167页。

定义为"和先前一个印象关联着的或联结着的一个生动的观念"①。他认为，个体的知识虽以经验的心理习惯为基础，但只具有偶然性，不具备确实可靠性；个体的信念也以经验的心理习惯为根基，但是完全建立在非理性的心理基础之上，与知识相分离。

在此之后，康德依据信念的确实性划分了确信与置信。他认为如果所作出的判断对于一切有理性的人都是有效的，那么它的根据就是客观上充足的。以此而认为它是真的，就称之为确信。如果判断的根据知识在于主体的特别性格，因而认为判断是真的，就成为置信。②

在现代哲学思潮中，美国实用主义者皮尔士认为"信念就是习惯"，真理就是主观信念，思维的唯一功能是确立信念，而确立信念的方法能够将真理、知识与信念完全合而为一。新实用主义者、美国哲学家奎因从整体论的角度出发，将整体系统内信念的一致性设定成为评判知识合理性的标准，知识与信念之间的关系更为紧密，信念在知识体系中的作用越发重要和鲜明。

20世纪以来，西方学者对信念概念的界定更为纷繁多样。佩詹斯认为"信念"是一个纷繁复杂的概念；阿贝尔森认为信念是个体在某一特定目的或在某种必要的环境下所使用的知识；布朗和克鲁尼认为信念是行动的导向与目的，是决定行动的主要因素；塞格把信念定义为"经验的心智结构"，是经验的浓缩并整合到人的图式或概念中③；麦克劳德认为信念位于认知和情感领域的交叉部位，

---

① 休谟：《人性论》，关文运译，商务印书馆，1980，第114页。

② 康德，《纯粹理性批判》，韦卓民译，华中师范大学出版社，1991，第615页。

③ M. Frank Pajares, "Teachers' Beliefs and Educational Research: Cleaning up a Messy Construct," *Review of Educational Research* 62, No. 3 (1992): 307—332.

因此信念可能在性质上属于认知领域，但是在情感领域中发挥着重要的作用；富瑞海廷和富克兰认为信念是一种主观的知识①。

从上述一些信念的界定中，可以看出信念经常与情感态度和知识联系在一起。根据内斯波的研究结果，从确认程度、内容成分、结构方式三个维度对这三者进行了区分，以明确信念内涵，如表1所示。

表1　信念、知识与态度的区分②

	信念	知识	态度
确认程度	有不同程度的确认； 没有共识，有争议性； 个人的建构； 不受外界评价影响； 存在的预设。	没有不同程度的确认； 肯定的，符合真理标准； 社会的建构； 百分之一百有效； 眼前的现实。	—
内容成分	包含情感和评价成分； 包含较多的认知成分； 包含行动成分，间接对人的行为产生影响。	不包含情感和评价成分； 只包含认知成分。	包含较多的情感和评价成分； 包含一些认知成分； 包含较多行动成分，直接对人的行为产生影响。

---

① Gilah Leder, Erkki Pehkonen and Günter Törner, *Beliefs, a Hidden Variable in Mathematics Education?* (London: Kluwer Academic Publishers, 2002), pp. 39—57.

② 林一钢：《教师信念研究述评》，《浙江师范大学学报（社会科学版）》2008年第3期。

续表

	信念	知识	态度
结构方式	根据人的看法而排列，有一套属于自己的近似逻辑； 心理上最重要的信念居于信念结构的中心； 可以同时有互相矛盾的信念； 按好的判断和坏的判断分组； 个人经验或事件以情节式随机储存。	由符合逻辑法则的前提和结论组成； 不按心理重要性排列； 不可以有互相矛盾的知识； 不会按评价而组织； 信息以意义的网络储存。	—

国内专家学者在理解国外哲学家对信念的阐释的基础上，从哲学领域的认识论以及对理性主义的关注进行分析和解释，对信念有了更为深刻的理解，拓宽了信念意涵的哲学认识论范畴。

从认识论视角分析，高岸起提出信念是个人内化的世界观、人生观和价值观三者统一的观念体系。他认为信念的基本作用是认识事物和活动的内部参照体系，是通向真理的内在要素之一；信念的主要形成方式是直接经验、间接经验和推论；信念的基本组成要素是"知、情、意"，且是三者的高度统一体。信念使人的个性稳定而明确，并且具有主动性和积极性。①

学者毛平认为信念是主体在认识过程中，在对认识的结果进行体验和评价的基础上形成的。他认为，信念处在"实践—认识""认识—实践"的中间环节中，"实践—认识—实践"的不断反复循

---

① 高岸起：《论信念在认识中的作用》，《南京政治学院学报》2002 年第 3 期。

环的过程正是通过信念这一契机来实现的。①

　　董承耕认为信念是指人们对某种现实或观念抱有深刻信任感的精神状态。它是人们在生活实践中实际体验了怎样想和怎样做才是最有价值的基础上自然地形成的，其内容是对现实或观念所作的价值判断和推论。

　　从理性主义视角分析，学者大多认为信念是理性形式与非理性形式的结合。如李传新认为信念是主体具有坚定确信的深层观念，是经验和知识在大脑中的反复积淀；是认识、情感和意志相互作用的融合体，是主体对客体的能动反映，是实现理念的主观方式，是理念与实践之间的具有动力性与创造性的关键枢纽；它具有稳定性和开放性的统一、理性和非理性的统一、现实性和可能性的统一、确定性和不确性的统一等特征。②

　　黄素珍以韦伯的信念和责任概念为理论依据，运用康德的实践理性和批判力概念，将教师伦理与教师行为进行历时性和共时性分析。他认为教师伦理危机的理论表达可分为教育行为的正当性、教育者的德性气质与教育的终极之善，它们均蕴含了信念与责任这一对道德哲学核心范畴。③

　　吴金航认为教师教学信念是内在价值和外在价值的统一，其内在价值是满足教师的理性发展和自由精神的需求，外在价值为教师教学实践提供理论思维框架和动力源泉。④

---

　　① 毛平：《对信念的认识论思考》，《武汉大学学报（哲学社会科学版）》1999 年第 2 期。
　　② 李传新：《关于信念的内涵、特征及其形成和发展趋势》，《黔东南民族师范高等专科学校学报》2005 年第 4 期。
　　③ 黄素珍：《信念与责任视域中的教师伦理》，《学术研究》2020 年第 6 期。
　　④ 吴金航：《论教师教学信念的双重价值》，《新余学院学报》2019 年第 5 期。

从以上对信念的哲学分析和界定可以看出，信念是由认识、情感、意志和价值构成的融合体，反映着人们不同的价值实践、价值观念与价值取向，并涉及人们的认识领域、价值领域和实践领域；其本质是主体对某种现实或观念抱有深刻信任感的精神状态，是人们在生活实践中实际地体验了怎样想和做才适宜有效的基础上，自然地形成的一些思考和行动的模式，主要内容是对现实和观念所作的价值判断和推论。同时，信念反映的是一种价值关系，是主体在生活实践中，经过对客观世界的现象、知识和规律等进行深刻认识和精细筛选后，反复积淀下来的主体确认性的观念。信念表现为主体对自然和社会的理论原理、见解和知识的确信程度，反映主体的生活立场，支配主体的行动。它以理想为核心，是认识、情感和意志的"合金"。信念的突出特征是在追求既定目标行为过程中表现出来的稳定性、导向性、坚韧性、整合性等。[①]

（二）心理学视角

信念研究，除了在哲学领域有越来越多的学者专家重视之外，在心理学领域也越来越受到关注与重视。

苏联心理学家克鲁捷茨基认为信念是主体关于自然和社会的认知与见解，并在此基础上形成个体知识体系；个体对此深信不疑，具有无可改变的确凿性，在生活中以此为导向。信念不仅是认知可理解的，行为可表现的，更是情感可体验到的。[②]

功能主义信念理论的代表人物史密斯和琼斯认为信念是一种行

---

① 胡元林：《哲学语境下的信念质析》，《哈尔滨学院学报》2005 年第 1 期。
② B. A. 克鲁捷茨基：《心理学》，赵璧如译，人民教育出版社，1984，第 71—72 页。

为倾向，强调物理状态的信念状态是一种功能状态或神经生理的机能状态。[①]

福多认为信念是以恰当方式在个体大脑内编码的心理语言，用思维语言表达的内容呈现的一种方式，是个体与其心理表征（包括句法与语义）的一种关系。

斯蒂克采用社会社会人类学"描述性概念分析"研究方法，结合社会文化生态系统理论，提出了"信念在本质上并不具有意向内容及语义属性的东西，而是一种纯形式结构"[②]。

罗克奇认为，个人的信念是不能离开信念系统而单独存在的。关于信念系统的研究，他提出了七个关系密切的问题：（1）信念系统在结构上是否具有共同的特性？（2）信念系统之间在哪些结构上有差异？（3）信念系统是如何形成的？（4）信念系统有哪些动机性的功能？（5）信念与情绪，或者认知与情感之间的关系是什么？（6）信念系统对于人的知觉、思考、记忆、学习和行为表现有哪些影响？（7）哪些情景或条件会促进或阻碍信念系统的形成或改变？并基于此提出了三个假设：（1）所有信念并不是同等重要的，在不同的认知体系中各有不同的重要性，主要以"中心—边缘"的形式组织并呈现；（2）越接近系统中心的信念越坚定不易变；（3）越接近中心的信念转变，对整个信念系统其他的信念影响越大。信念系统与个人的自我观念、价值体系关系密切，信念系统可以使个人的言谈举止、人格态度、行为表现等能够稳定持续地具有个人的特色

---

① Peter Smith and O. R. Jones, *The Philosophy of Mind* (London: Cambridge University Press, 1986).

② Milton Rokeach, *Beliefs, Attitudes and Values: A theory of organization and change* (San Francisco: Jossey-Bass, 1968).

和风格。①

我国心理学界主要从个性倾向的研究视角对信念的意涵作出了阐述。

《个性心理学》一书中有言："信念是坚信某种观点的正确性，并支配自己行动的个性倾向。"②

戴震宇、吕吉、林碧英、姬建峰等学者认为信念是一种客观存在的心理现象，是支持、鼓励与肯定人们行为中深信不疑的观点看法、理论见解和标准原则，是能被个体感知和意识到的个性倾向。

余国良、辛自强等学者认为，信念可理解为个体对于有关自然和社会的某种理论观点、思想见解坚信不移的看法。个体的世界观、人生观、价值观与道德观等，都是由信念组成的思维体系。信念一旦确立后，会驱动个体的心理发展和行为表现，决定着个体成长与发展的方向、速度与成效；但如信念体系有所动摇或瓦解，便可导致个体精神世界的崩塌和行为的变异等。个体从来到这个世界，信念便是他认识世界、理解世界和创造世界的精神动力与信仰寄托，是个体开展活动的内驱力。③

宋宏福、张厚粲、何翼、赵海洪等学者认为，信念"是主体对于自然和社会的某种理论原理、思想见解坚信无疑的看法。它是人们赖以从事实践活动的精神支柱，是人们自觉行动的激励力量"。"消极情感的内心体验还会阻碍一个人的正确认识，并且影响着一

---

① Milton Rokeach，*Beliefs，Attitudes and Values：A theory of organization and change*（San Francisco：Jossey-Bass，1968）.

② 叶奕乾、孔克勤：《个性心理学》，华东师范大学出版社，1993，第 99 页。

③ 余国良、辛自强：《教师信念及其对教师培养的意义》，《教育研究》2000 年第 5 期。

个人的认识向信念的转化。因此可以说信念是认识和情感的'合金'。"① 也就是说,在心理学看来,信念的形成是与人的认识和情感相关的,而情感是客体是否符合主体的需要与愿望、观点而产生的内心体验。肯定的、积极的情感是在主体需要得到一定满足的情况下产生的,所以从根本上说,信念的形成和确立与人的认识和需要直接相关。②

高一波、李秀萍以认知发展理论为基础,认为教师信念是一个复杂的、相互关联的系统,内含多种不同子信念,将教师信念定义为是"教师在教学过程中逐步形成的关于教学目标、教学对象、教学材料、教学方法、教学手段等方面的认识和看法"③。

以上对信念的分析可以得知,从哲学层面来说,信念是对理论的真理性和实践行为正确性的一种内在确信。从心理学领域来看,信念是一种客观存在,是人人都有的心理现象,是支持、鼓励与肯定人们行为中深信不疑的观点看法、理论见解和标准原则,是能被个体感知和意识到的个性倾向。它被认为是"知、情、意"的结合体,是个体自身对自然与社会坚定的认识、稳固的观念和想法的体现。

信念是个体认识世界、理解世界和创造世界的精神动力与信仰寄托,是个体开展活动的内驱力。我们很难从某一个特定范围或领域对信念进行全面立体的定义与评价,加之社会文化生态对个体成

---

① 林传鼎、陈锦永、张厚粲主编《心理学词典》,江西科学技术出版社,1986,第307—308页。

② 何翼、赵海洪:《对教师信念的概念性认识》,《宜宾学院学报》2006年第5期。

③ 高一波、李秀萍:《认知发展理论视角下的教师信念及其建构与重塑路径》,《西安航空学院学报》2018年第6期。

长与发展的影响与作用，使其体系具有多重性与融合性的特点。但个体的认知、情感与行为是其信念系统的具体表现，研究者们可以从不同的维度了解个体行为背后的意涵与向度。

结合上述，本文认为信念是人们对自然界和社会秉持的一些基本观点所形成的一个相对稳定的、带有一定情感和意识及行为成分的完整认知结构。与客观普适、价值中立的公共知识体系不同，信念带有强烈的个体意义和情感性的个体知识。

二、教师信念的意涵与本质

随着教育科学研究方法的不断革新、研究内容不断拓深，教育研究领域重要组成部分之一——教师教育研究，在研究取向和范式上也发生了巨大变化。专家学者从原本试图详尽分析教师外显行为的研究，转而探讨教师在教学历程及专业发展过程中内在心理层面与认知的发展与完善。

20世纪90年代以来，国外教育领域的专家学者开始系统深入、全面立体地研究教师信念体系，并在教师信念的影响因素、形成过程、改进方法以及与教师教学实践、自我改变的关系等维度取得了相对丰硕的研究成果。研究的不断深入与发展，既夯实了教师信念研究的理论与实践基础，同时也可以让我们了解到教师各个层面可能拥有的信念系统以及彼此间的关系。

在我国，随着教育改革的不断发展和深入，教师被视为教育改革的关键因素之一。人们相信，只有在教师批判性地检讨和反思自己的信念、改变自己的教学行为以适应改革方案的需求之后，学校变革才有可能发生。但教师改变是一项艰难的系统工程，其中涉及教师的知识、信念、观点、态度、行为和兴趣等各种内外部影响因素的发展和变化，而教师信念在其中又居于核心位置。因而，随着以改变教师旧有的教育观念和行为习惯为特征的教育改革的不断深入，人们越来越明确地认识到教师信念的转变与适应在教师专业发展以及教育改革中的重要作用。

《中共中央 国务院关于深化教育改革，全面推进素质教育的决定》中明确地对全体教师提出了具体要求，有很多内容是与教师信念密切联系在一起的。2014 年第 30 个教师节前夕，习近平总书记考察北京师范大学时提出新时代"四有"好教师的理念，其中"有理想信念"作为最重要最关键的标准，在"四有"好教师标准中放在首要位置。2018 年 11 月 8 日，为深入贯彻习近平新时代中国特色社会主义思想、党的十九大精神以及全面落实全国教育大会精神，扎实推进《中共中央 国务院关于全面深化新时代教师队伍建设改革的意见》的实施，由教育部研究制定并颁布实施了《新时代高校教师职业行为十项准则》《新时代中小学教师职业行为十项准则》《新时代幼儿园教师职业行为十项准则》，它明确了新时代教师的职业规范，坚定了新时代教师的教育信念，深化了新时代教师师德师风建设，促进了新时代教师专业发展。这说明教师自我成长的基础是教育信念的建构、发展和完善，教师的专业发展目标应该是达到技术理性、价值理性与审美理性三者的有机统一。

从古至今，教师从事教育工作既需要具备专业的学科知识，又需要统整正确的信念与态度。有专家指出，现代教师是"未来学家"，即既要能适应当前的社会规范与行为准则，又要能高瞻远瞩，预见并促进社会的改革与进步；除了要能继续不断地提高专业知识水平之外，更要能在教育实践与社会变迁中坚持理想、掌握原则；

从推陈出新的教育理论或学说中取精用宏，采取明智的选择或判断。① 所以，教师信念的确立、正态发展与完善，是促进教师发展乃至教育整体发展的重要因素之一。

（一）教师信念的意涵

谈到教师信念，似乎人人都谙熟于心，但要作出明确的界定，却是众说纷纭、见仁见智，很难找到统一的答案。在教育理论书籍中屡见对"教育目的""教育内容""教育活动""教育评价"等概念性词语的界定，却很少有在教育现象背后、在教师专业发展过程中起到重要作用的"教育信念"的界定。

教师是人类灵魂的工程师，教学应是通过传承世界和民族的优秀文化，培养全面发展的学生。教师的信念应是民族繁荣富强和人类文明进步的信念。从对信念的内涵以及体系分析中，我们可以得知，教师信念是个体信念系统中一个部分，是信念的一种类型。由此，我们从信念起步，对教师信念的实质和特征进行剖析和探究。

佩詹斯曾引述阿瑟·柯柏斯的话："也许一个人在教育上成功或失败的最重要原因就是他对于自己本身相信了什么。"② 所以，佩詹斯认为教师信念在课程与教学实践活动的准备、实施和评价过程中扮演着比知识重要得多的角色。

布鲁克等认为教师信念指的是关于教师在他们工作中所伴随产

---

① 张国栋：《教学研究与教师信念的关系》，《黄冈师范学院学报》2008 年第 4 期。
② M. Frank Pajares, "Teacher's Beliefs and Education Research: Cleaning up a Messy Construct," *Review of Educational Research* 62, No. 3 (1992): 307—332.

生的感受、态度、经验以及决定的想法和阐释。①

博格认为教师信念主要是事实要素、信念与行为之间的关联、有意识和无意识的信念以及对享有价值而必须承担义务的信念。②

卡根把教师信念定义为一种特殊的具有煽动性的个体知识，是职前或在职教师关于学生、学习、课堂和教学内容内隐的、不为主体意识到的假定。③

波特曼和弗里曼认为教师信念是教师对教学的取向，其中包含了教师对学生、学习过程、学校在社会中的角色、教师自身、课程和教学的信念。卡登海德把教师信念主要归纳为五个领域，并指出各个领域是相互关联的：（1）关于学生和学习的信念；（2）关于教学的信念；（3）关于学科的信念；（4）关于学习怎样教学的信念；（5）关于自我和教师角色的信念。④

理查森指出，教师信念和态度的主要源泉有三个方面：个人经验、学校教育和教学的体验、正式知识的经验（包括学校科目和教育学知识）。⑤

国内研究者在研究教师专业发展时越来越关注教师信念对教师发展的影响。朱苑瑜等认为教师信念体系与教师对教学的认知，对教育教学实践活动的理念与态度、方法与价值、期望与设想等有

---

① Cigdem Sahin Taskin, Kate Bullock and Andrew Stables, "Teacher's Beliefs and Practices in Relation to their Beliefs about Questioning at Key Stage 2," *Educational Studies* 28, No. 4 (2002): 371—384.

② M. Borg, "Teachers' Beliefs," *ELT Journal* 55, No. 2 (2001): 186—188.

③ Dona M. Kagan, "Implications of Research on Teacher Belief," *Educational Psychologist* 27, No. 1 (1992): 65—90.

④ David C. Berliner and Calfee Robert C, *Handbook of Educational Psychology* (New York: Macmillan, 1996), pp. 709—725.

⑤ 谢翌、马云鹏：《教师信念的形成与变革》，《比较教育研究》2007 年第 6 期。

关，是随着教师的人生历程、专业认同以及专业发展而不断建立和完善的。[①]

林碧英认为，教师的教育信念一旦确立，会对教师教育教学实践活动的认知与行为产生深刻的影响，决定着个体专业发展与自我成长的方向、速度与效果；如果教师的教育信念一旦分崩离析，会导致教师教育教学实践活动行为的变形与退化。教育教学实践活动离不开教师与学生，教师的教育信念影响其教学行为，教学行为影响学生全面发展。因此，教师信念对于教育教学的成效具有重要的影响与关键的作用。[②]

宋宏福认为，教师信念是教师心理认知结构中价值观念的累积，是教师教育教学行为的内在驱动力，是教师专业发展自我成长的终极目标与追求，对教师的专业认同与专业发展影响深远。[③]

教师信念的建立与完善，会持续性地指向教师教育教学行为，其行为会随着教师信念的不断发展而调整；在教育教学行为的发展调整过程中，教师信念也会随之改变，成为促使教师思维方式、职业道德、实践活动发展的内动力。

赵昌木认为，教师信念是教师个体对于自然与社会、自我和他人以及教育教学等方面的基本认识、理解、假设的确信，是教师内在的精神状态与深刻的存在维度认知，是教师教育教学实践活动变革的精神力量，激励教师遵循自己的理念进行教育教学实践活动的

---

① 朱苑瑜、叶玉珠：《实习教师信念改变的影响因素之探讨》，《台湾师范大学学报（教育类）》2003 年第 1 期。

② 林碧英：《浅谈教师信念的培养与完善——论叶澜教授"新基础教育"之四》，《福建师范大学福清分校学报》2000 年第 4 期。

③ 宋宏福：《论教师的教育信念及其培养》，《现代大学教育》2004 年第 2 期。

心理动力。①

王玉林等认为从理论层面分析，教师信念涵盖教育、教学实践活动以及学生等方面；从实践层面来看，教师信念关注教师对教学实践活动、对学生等方面的自我认识与评价，主要体现在教学效能的认识上。②

林一钢将教师信念定义为从学生时期开始积存和发展，教师个体信以为真的、以个人逻辑和心理重要性（"中心—边缘"）为原则组织起来的"信息库"，其中包括关于个人经验或事件的命题与规范、关于教育与自身的非共识性的假设和理想以及关于学生的认识等。③

在笔者看来，教师信念除了与教师的认知心理结构与哲学观有关，它的确立与发展还离不开教师所处的社会文化生态环境，同时也与教师个体的性格、旨趣、知识结构等个性特点联系。信念是一种文化生成，在主体不知不觉中影响其认知结构，不易察觉，不断积累，最终形成心理认知结构中的价值观念与理想信念。

基于教师对自身教育教学认知基础上的教育理念，教师信念表现为个体教学理论在教学教育中的行为呈现，是教师个体对教育教学以及自身成长的理解和体验。

首先，在教育教学过程中，教师对自身教育教学的认知会逐渐形成较为系统且个性化的教育思想与理念，从而引领教师专业发展，指导教师教育教学实践活动。同时，教师信念会受到当时当地

---

① 赵昌木：《论教师信念》，《当代教育科学》2004 年第 9 期。
② 王玉林、刘景清、孙玉斌：《关于教师的信念》，《黑龙江教育》1994 年第 4 期。
③ 林一钢：《西方教师信念研究述评》，《中国教育改革高层论坛——多元视角中的教育质量问题（论文集）》，2005，第 231—238 页。

的社会文化生态系统影响，产生对教育独特的认识和理解，最终形成教师个体所特有的品质，成为思想体系的核心组成部分。教师对教育的理解与看法，来源于教师的教育实践活动，同时，教师的教育实践活动，又反作用于教师完善其自身对教育的认识与理解。正是在教师个体价值观念与教育本体的价值观念不断构建与解读的过程中，教师信念逐渐形成、内化，形成相对稳定持久的力量。

其次，与其他信念体系相比，教师信念是较为高层次的需要形态，是促进和发展教师行为的动力系统中的重要组成部分。人本主义心理学家马斯洛的需求层次理论被公认为是最完整、最有系统、最有影响的动机理论。在需求层次理论中，马斯洛认为人的动机系统中，最高层次的需要是自我实现的需要。教师专业发展，也就是教师从低层次需要不断向高层次需要发展的过程，是不断满足基本需求从而追求更高层次需求的过程。推动教师专业发展的基石和动力源于教师对专业的认同与理解，对事业的热爱与追求，对信念的坚定与选择。

最后，教师的知、情、意是教师信念的内化，教师教育教学行为是教师信念的外显，几者结合起来，共同构成教师信念系统。信念源于主体对事物深刻的认识与理解，教师信念是在教师对专业的认同与深化基础之上逐渐形成和完善的。教师认知是教师信念形成的首要条件，教师情感是教师认知转化为信念的心理基础，教师意志则是教师行为表现的动力，教师教育教学行为则是教师认知、情感与意志的表现形式。只有在教师产生积极情感的基础上，结合教师坚定的意志，才会形成坚固持久的教师信念，不断促进教师专业发展。

（二）教师信念的意义

"十年树木，百年树人。"从历史的发展可以看出，教育是国家发展、社会进步与民族振兴的基石，是提高国民素质、促进人的全面发展的根本途径。21 世纪是一个充满魅力与希望、具有创新与超越的知识经济时代，是我国决胜全面建成小康社会的伟大时代。面对新时代所带来的机遇和挑战，教师专业发展取向也从"生存关注"阶段走向"任务关注"阶段和"自我更新关注"阶段。

教师信念研究，需要关涉教师知、情、意与行为四者的有机结合。教师信念，与教师个体的认知结构、情感态度与价值观不可分割，每个教师的教育信念因其不同的情感、意志、价值观乃至对自身对他人期望的不同而各异。教师教育信念通过教师教育教学行为显现出来，在教育教学实践中体现教师的个人信念系统，以一种"缄默""内隐"的方式存在于教师个体的心智结构中，潜移默化地形成，很难被清晰认识或深入研究。

首先，教师的教育信念指引和决定着教师的教育教学实践活动。教师的教学目标设定、教学实践活动设计、教学内容的采用、教学实践活动组织与实施以及教学实践活动评价等各个方面都隐含着教师教育信念的因素与作用。教师信念通过情感和意志，将认知与行为联结在一起。教师对教学实践活动、学生、专业发展的态度也体现着教师的信念本质。教师信念是一种潜在的教育力量，反映的是教师对教育教学实践活动的认识与理解，对教育事业的热爱与追求。在教师教学实践活动中，可以反映出教师的教育观、教学观、学生观等有关的教育信念。它会出现在教师的教育教学实践活动中，自觉地体现在教师的行为之中，从而积极营造教育教学文化生态氛围，对学生的态度和行为产生积极影响。

其次，教师的教育信念驱动和促使教师专业发展和自我成长。教师信念的形成，决定着教师专业发展和自我成长的方向性与坚定性。在稳固的教师教育信念驱动下，才能激发教师对专业发展的热情，激励教师教学实践活动的创造力。教师信念与积极情感合而为一，内化为教师崇高的职业道德，造就教师高尚的人格。同时，教师信念还可以对教师行为进行综合监督与科学评价，教师自我监控教学行为，反馈自我评价信息，提醒教师行为的适宜性，引起教师正向的情感体验，进一步完善教师的专业发展与自我成长。

教师信念是教师专业发展的原动力，也是教师专业发展与自我成长的核心因素之一。在教师成长过程中，教师信念对教师专业理解与认同、教师专业发展与改变具有重要的内部控制作用。对于广大教师来说，专业发展需要适宜地更新教育观念，坚定教育信念，加强职业道德修养，夯实专业知识，提高专业能力，转变教育行为，实现自我成长。

（三）教师信念的结构

对研究者来说，教师信念的研究是一件非常困难且棘手的事情。因为信念是与意志、态度、情感乃至价值观密切相联的，它的理论是建立在个体特定的和具体的价值、假设、喜好和期望的体系之上。实际上，我们几乎不可能完全客观地捕捉教师的信念究竟是什么，它到底由哪几个方面组成，它是如何形成、发展和完善的。虽然信念作为主体主观存在的意识体系而难以客观呈现，但专家学者仍然对教师信念结构的构成、发展层次，提出自己的观点。

卡根把教师信念定义为一种特殊的具有激励性和导向性的个体

知识，是职前或在职教师关于教育教学实践活动、关于学生学习、关于课程组织和教学内容内隐的、不为主体意识到的假定。[①]

波特曼和弗里曼认为教师信念是教师对自我教育教学的认识与观念，其中包含了教师对自身、对学生学习过程、对教学效能、对课程与教学组织以及对学校在社会中的角色的信念。卡登海德把教师信念划分为关于自我和教师角色的信念、关于学生和学习的信念、关于教学的信念、关于教学范式的信念、关于学科的信念等五个领域。[②]

理查森认为教师生活的个人经验、教师教育教学实践活动的相关体验以及学校教育、教师有关专业知识的经验（包括学校科目和教育学知识）共同构成教师信念和态度的主要源泉。[③]

教师信念的来源主要包括自我建构与社会建构两个方面。自我建构即个人经验，是教师个体的直接经验与认知，每个人都有不同的"个人建构过程"，形成不同的认知结构体系；社会建构即文化作用，是教师通过接触所在学校文化、教育系统以及社会文化等传递途径形成的。教师信念是个人经验与文化作用相互影响的成果，是社会文化生态圈的产物。[④]

教师在教育教学实践活动中所扮演的角色是多重的，教师既是教育教学实践活动的设计者、引导者、组织者、管理者，同时也是参与者、合作者、探究者、反思者。教师信念的不断完善，教学行

---

① Dona M. Kagan，"Implications of Research on Teacher Belief，" *Educational Psychologist* 27，No. 1（1992）：65—90.

② David C. Berliner and Calfee Robert C，*Handbook of Educational Psychology* (New York：Macmillan，1996)，pp. 709—725.

③ 谢翌、马云鹏：《教师信念的形成与变革》，《比较教育研究》2007 年第 6 期。

④ 同上。

为的不断更新，在一定程度上是来自教师多元角色共同的作用与驱动。教师信念，引导着教师教育教学实践活动的开展与实施，也影响着教师教育教学实践活动的方式与效果。

何翼等提出教师信念主要包括教师效能感、教学辐射范围、学生人本化管理以及专业期望等四个基本构件。[①]

王慧霞认为教师的教育信念主要包括知识的本质（本体论信念）、自我觉知和自我价值感（自我概念和自我尊重）、教师效能（影响学生的自信心）、激发教师产生某一行为的原因（归因、控制点、动机等）、自我效能（个体完成任务的自信心），以及一些具体科目的信念（如阅读指导、阅读本质等）。[②]

（四）教师信念的发展阶段与层次

"罗马不是一天建成的"，同理，教师信念也不是一蹴而就的。教师正确而坚定的教育信念，需要在漫长的教育教学实践活动中经由实践的检验和推进而逐步形成、发展和完善。教师信念的产生，与教师个体的家庭背景、教育基础、个人经历以及所生活的文化生态环境都有着密切且隐蔽的联系。教师个体受到个人学习经历重要事件、教师榜样作用、民族文化传统等影响，逐步形成自己的教育信念。比如说，有教师是以自己敬佩的教师作为榜样进行教育信念的自我建构；也有教师是以自己个人学习经历中的某一重要事件或是受到家庭与社会文化的影响后作为经验进行教育信念的社会建构。

---

① 何翼、赵海洪：《对教师的概念性认识》，《宜宾学院学报》2006 年第 5 期。

② 王慧霞：《国外关于教师信念问题的研究综述》，《宁波大学学报（教育科学版）》2008 年第 5 期。

教师信念的发展主要受到教师个体认知与生活经历、所处的社会文化生态系统、教师教育教学实践活动以及教师群体间的文化特质等因素影响。

赵昌木认为教师信念是一个不断发展的阶段，教师信念既有在入职之前产生的，也有在入职之后形成的。但大部分正确而坚定的教育信念是在入职之后形成和发展的。

教师在入职之前，基于个体认知与实践经验以及文化作用，对专业逐渐形成了专业认同，并积极规划自身专业发展，充满活力、努力进取、积极向上，易于接纳新思想、新观念、新方法，富有创造力，憧憬入职后的美好生活，具有一定的理想主义特征，更多地表现为教育理想。入职之后，如果教师所处的教育环境和条件是适宜其专业发展和自我成长的，那么他们很快会将入职之前的教育信念强化并形成坚定的教育信念；如果新手教师在"高原期"或"瓶颈期"处于发展不利的环境下，那么教师的教育理想与信念在现实面前会逐渐弱化和崩解。优秀的教师会在复杂多变的教育教学实践活动中，不断检核、梳理和反思自己已有的教育理想与信念，并决定是否对其予以及时修正。

教师信念是教师个体知、情、意的统一体，是体系化的原则和解释性框架，教师在形成专业认知结构之后将其转化为教育教学实践，表现为教育教学行为。严明将教师信念体系划分为教师专业发展信念、教师信念（教师职业角色定位）、教学信念（教育教学实践活动中教学组织实施、教学风格、教育资源与有效教学标准等）、课堂信念（课堂结构、课堂管理等）、语言信念（教师用语、交流沟通方式等）、课程信念（课程目标、课程内容、课程实施、课程评价等）、学生信念（学生多元角色、师生互动等）和学习信念

（学习范式、学习策略、学习风格等）。①

教师信念的发展阶段和层次研究，可以促进教师信念由隐性转向显性。但信念是个体化的系统，是不断变化和发展的从同化、顺应到平衡的过程。所以教师信念会跟随教师专业发展的不同阶段，呈现出动态发展的特点。教师个体需要采用建构主义的理论与范式，结合自身专业发展，不断反思，动态评估，调整完善教育信念。

三、教师信念与相关概念的联系

（一）教师信念与知识、行为的关系

人类文明进化的最大成就在于两类知识的自觉积累、分化、分离，即理论知识的公共性和实践知识的境遇性。公共知识与境遇知识的分化与分离成为日后认识活动中理论与实践之关系问题的滥觞。实践知识在与公共理论知识整合的过程中建构出既具有理论解释力，又显示出实践效能的教育模型，丰富人们对教育现象的认识、理解和把握。②

教师专业发展过程中，教师不仅要掌握所任教学科的系统知识，即基本学习知识，还要领会并灵活运用适宜的教育教学方法。前者是解决"教什么"的学科知识，后者是掌握"如何教"以及"为什么这样教"的教育知识，这是教师专业结构中两类不同性质

① 严明：《建构主义视野下的教师信念体系——从概念建构到情境效性》，《西北师大学报（社会科学版）》2008 年第 2 期。
② 靳玉乐：《当前教育科学研究的几个问题》，《教育研究》2007 年第 5 期。

的知识。学科知识偏重于学科的知识体系结构，教育知识所探讨的是教育科学方法以及教师教育教学实践性知识，突出的是教师运用个人独一无二的教学经验，整合学科知识与教育知识，对专业的理解。教师在对教育的体验和实践中与情感融合，形成坚定的意志，升华为教育信念，表现于教育行为。与学科知识相比，教育知识所具备的人文性，在教育教学实践活动中，更能凸显教师专业性和重要性。教师信念是教师个体在教育教学实践中不断形成的对教育本质内涵的理解与体悟，是存在于意识体系中的理念形态之一；教师的教育实践性知识是教育科学的现实形态，直接影响教师教育教学行为以及实践活动效能，是表现于教师行为的一种现实形态。

在持续不断的教育实践过程中，教师个体信念的建构与形成需要不断地理解与会意、反思与改进理解，体会与领悟自己与他人的经验、理论知识与实践组织等，这是一种个人化的缄默知识，是教师在日常教育教学活动中"实际使用的理论"。这种实践性教育知识结合语言、行为等符号表达与传递教师个体只可意会不可言传的内心体验，是感性的、非系统化的知识。教师的实践性知识既包括学科知识体系，也包括教师经年累月所积累的教育技巧与方法，还包括教师个体对教育教学深刻体悟形成的个性化的教育信念。

教学实践活动中，同样的教育情境与教学设备、同样的教育技术与方法、同样的教学策略与行为，不同的教师在不同的教育理念指导下，会出现千差万别的教学效能；徒有先进的学科知识与教学方法而无教育信念，很难通过教学实践活动影响学生，培养出全面发展的人。教育教学实践活动中的教育对象是不断发展变化的个体，学生的全面发展、学生从"自然人"转向"社会人"的过程、学生个体价值观世界观人生观的正向引导与养成，才是教育真正的目的。师生间的交往、互动与合作才是生成性的教育教学实践活动的本质与内涵。

刘桂辉等人在研究中发现，教学场域既是教师的自主行为空间，也是规约的存在空间，两者之间既有矛盾也有张力。在教学实践活动中，规约往往居于强势地位，教师的教学自主行为受制于规约而处于退缩之势，出现"不想做、不敢做、随意做"的消极表现。教师信念的建构与发展，可以支持教师的自主教学行为，转而呈现出"我想做、我能做、我会做"的实现路径。①

我们可以这样说，教育知识、教学行为是离不开教师信念的支撑，教师信念的落实也离不开教育知识、教学行为的转变。教育知识、教学行为是教师信念的体现，教师的教育知识和教学行为是以教师信念为根本和灵魂的。

（二）教师信念与教师信仰、教师理想的关系

哲学具有悠久的历史，经历着由本体论到认识论、历史观，再到价值观逐步深化的过程。信念与信仰都属于价值观范畴，但它们所反映的内涵和形式均有所不同。

哲学界对信念与信仰的认识，存在着三种基本观点：（1）信仰信念从属论。这种观点认为信仰是信念系统中的最高层次，是可以支配其他信念的最高信念。两者的区别在于信仰不仅包含有价值认同，还有情感倾向，是稳固不易改变的。（2）信仰信念区分论。这种观点认为信仰主要涉及宗教领域，以感性认识和情感认同为基

---

① 刘桂辉、常攀攀：《教学场域中教师教学行为的规约与释放》，《教师教育研究》2017年第1期。

础；信念通常指科学信念，以理性思考和实践检验为基础。（3）信仰信念异同论。这种观点认为信念与信仰既有共同性，同时也有区别。其共同性表现在都是对未来的期望与指向；是主体所自觉形成的并依存的认知系统；作用于行为并与行为有直接的关联性；一旦形成，相对稳定并持续较长时间等方面。两者的区别主要是在信念是理性认知，其对象、客体在客观上有充分的验证，可以分为科学信念与非科学信念；信仰是感性体验，其对象、客体一般由主观感知，只能分为宗教信仰与非宗教信仰等。

胡军等人形象地将信念和信仰比作桥梁和彩虹。他们认为，信念是理想与现实、理论与实践之间的一座座桥梁，坚定的信念可以将理论转变为稳固的行动，可以引领我们从现实的此岸到达理想的彼岸。而信仰则是悬挂于天空中的彩虹，指示我们前行的方向。①

在教育学领域，对于教师信念与教师信仰等概念也存在着不同的理解和阐释。石中英认为认为信仰是一个人生活态度的反映，是渗透在一个人生活的各个方面的性格特征，教育信仰需要教师具有一种从我做起的主动意识和以牺牲个人暂时利益为代价的奉献精神。②

苏霍姆林斯基说过："如果教师把自己的劳动看作是一种负担的话，那么从他嘴里发出的任何的道德教诲，在学生们看来都是对真理的一种嘲笑，也会摧残少年的心灵。"③

此外，国内学术界也经常将"教师信念"与"教师理念""教

① 胡军、张学森：《信念与信仰的异同及现实意义》，《教学与研究》2004 年第 8 期。

② 石中英：《教育信仰与教育生活》，《清华大学教育研究》2000 年第 2 期。

③ B. A. 苏霍姆林斯基：《怎样培养真正的人》，蔡汀译，教育科学出版社，1992。

师观念""教育理想"交替使用,但因其出现的语境不同而有所差异。

观念是指观点与理念,教师观念即指教师关于教育教学实践的观点与理念,既包括教师教育思想,也包括教师对教育的系统认识,是以知识体系或理论体系的方式呈现的教育理论。所以,教师观念是最为泛化的教师信念。

教师理想,是教师对未来教育教学实践活动的美好想象与期待。来源于教师对教育教学实践的基本认识,但又高于这一认识;符合教师对教育教学实践活动的认识规律和趋势把握,但又体现出教师对未来的憧憬;是理性认识也是感性体悟,但主要是基于理性认识上所形成的追求与向往;是一种充分体现教师个体价值取向、价值选择、价值判断和价值引导的教学信念。

教师信念处于教师理想与教师观念的中间地带。与教师理想相比,教师信念更具现实性,呈现个体教育教学实践活动的经验积累;与教师观念相比,教师信念更具理想性,体现个体教育教学实践活动的预期目的。教师的信念体系,既有从教师自身教育教学实践经验中逐渐积累形成的教育观念,也有教师自身对未来所具有期待性的教育理想,由教师个体无意识的、经验式的教育观念向认知清晰的教育信念不断发展,直至建构有意识的、系统化的教育理念,这是随着时代的发展不断更新的个体专业发展过程。教师信念是个体知、情、意的统一体,以标准作为认知的前提,伴随着深刻持久的情感体验,表现为坚定的意志力;教育理想是教师对自身教育事业成就的目标与期待,主要反映的是教师个体的向往与追求。

教育理想,是积极的、符合发展规律的理念。教师通过查找自身现实与理想的差距,不断鞭策,克服困难,接近目标。教师信念，激励教师主体遵循教育理想去行动。它的形成，表明教师对教育观念和思想的确认与坚信；它的发展，驱动教师教育教学行为，决定教师教育教学行为的原则性与方向性、坚韧度与持久度；它的缺失，会使教师教育信念动摇或瓦解，导致教师难以确立奋斗目标与追求，导致教师教育教学行为的失衡。教师只有树立正确的教育信念，才能体现主体知、情、意的统一，将其作为目标与期待，避免教育教学实践活动的固化与机械化、教条性与盲目性，从而实现专业发展和自我成长。

"理想与信念"的结合，像灯塔，照耀着教师教学工作的方向；像战鼓，激励着教师奋勇前进。有了它，不管遇到什么困难和挫折，教师都无所畏惧；有了它，就会为履行教师职责、完成教师的历史使命而殚精竭虑、无怨无悔。

在理想与信念的支配下，教师才能为实现自主专业发展而不懈地努力，始终把专业化发展和落实教师职责作为"主导需要"和"主导动机"来支配自己的行为，从而产生做好教师教学工作的自觉信念和实现教师专业发展和自身改变的坚定理想。

(三) 教师信念与教师道德之间的关系

古文云："道生一，一生二，二生三，三生万物。"道德从字义上来说，"道"是万物万法之源，是创造一切、承载一切的力量，大道无言无形、看不见听不到摸不着，只有通过我们的思维意识去认识和感知它；"德"为遵循自然发展规律、顺应社会和人类客观需要而表现出来的提升自身的践行方式，是"道"的具体实例与体现，也是主体通过感知后所进行的行为。

时至今日，道德主要指一种社会意识形态，它是在特定生产能力、生产关系和生活形态下自然形成的社会群体共同生活及行为的准则与规范。道德引导人们追求至善，教导人们认识对自身、家庭、他人、社会、民族、国家等应尽的责任和义务，教导人们正确地认识社会道德生活的规律和原则，合理地选择自己的价值取向和行为规范。道德激励人们奋勇前行，培养人们良好的道德意识、道德品质和道德行为，树立正确的世界观、人生观和价值观，使教育主体成为道德纯洁、理想高尚的人。

教师道德，简称"师德"，是指教师在教育教学实践活动中应遵守的道德规范和应具备的道德品质，是一定教育制度和社会道德在教师职业中的反映，实现教育目的的一种条件。"百年大计，教育为本；教育大计，教师为本；教师大计，师德为本。"教师道德是教师专业发展最重要的素质之一，师德水平也是人民群众衡量教育工作的一个重要标尺，更是教育改革发展的内在需要。在新时代社会主义社会，教师道德的基本规范是：爱国守法、爱岗敬业、关爱学生、教书育人、为人师表、终身学习等。

教师信念与教师道德是密不可分、相互促进的。教师信念与教师道德之间的联系主要表现在两者存在共同的产生根源——教师的教育教学实践活动以及在此基础上产生的主客体之间的相互关系。同时，两者之间还存在相互制约的作用。就个体而言，当教师具备了坚定的教育信念，会促进其行为的规范，而这种规范又反作用于教师认知结构中，更加深入地掌握教师职业道德规范，内化为自己的行为准则，自觉地调整主客体之间的关系；就群体而言，教师共同体所具备的坚定而科学的教育信念，对于形成、发展和不断完善教师职业道德体系起了基础性或先导性的作用。

当我们将教师信念作为教师道德的必要条件和组成要素时，可以理解为教师信念是个体知、情、意的统一体，是从事教师职业的主体应该遵守并牢记于心的道德观念。教师道德，是指"教师在从事教育劳动过程中形成的比较稳定的道德观念、行为规范和道德品质的总和，它是调节教师与他人、教师与集体及社会相互关系的行为准则，是一定社会或阶级对教师职业行为的基本要求"[①]。也就是说，教师道德是教师个体在教育教学实践活动中，基于个体的理想信念、职业要求、社会文化等作用下，不断发展完善师生、师师、师长、教师与社会之间关系的行为规范和道德品质。

另外，教师信念与教师道德也有所区别。从主体认知结构上来说，教师信念是教师主体知、情、意的统一体，是教师对于教育事业和自己专业所持有的毋庸置疑的精神状态；教师道德是调节教师行为的规范与标准；从主体范围而言，教师信念的主体主要是教师个体，具有特殊性，教师道德的主体主要是教师群体，具有普适性；从形成过程来说，教师信念是以个体经验和记忆中的实践活动事实为依据的，教师道德是在教育教学实践活动中人与人之间关系的反映，是通过教育教学行为表现出来的。[②]

（四）教师信念与教师专业发展

许久以来，在教育领域一直存在着教师到底是一种"职业"还是一种"专业"的讨论。教师专业化的具体提出始于 1966 年由联合国教科文组织发表的《关于教师地位的建议》，文中明确提出

---

① 李春秋主编《高等学校教师职业道德修养》，北京师范大学出版社，1999，第39 页。

② 王卫东：《教师职业信念问题初探》，《华东师范大学学报（教育科学版）》2000年第 12 期。

"教育工作应被视为专门职业（profession）。这种职业是一种要求教员具备经过严格而持续不断的研究才能获得并维持专业知识及专门技能的公共业务；它要求对所辖学生的教育和福利具有个人的及共同的责任感"①。"教育界人士则认为，专业'是通过特殊的教育或训练掌握了业经证实的认识（科学或高深的知识），具有一定的基础理论的特殊技能，从而按照来自特定的大多数公民自发表达出的具体要求，从事具体的服务、工作，借以为全社会利益效力的职业'"，同时也"是以对本行的工作有特殊的专业知识和判断力为基本特征的，并且专业人员由于其专业知识和判断力而受到社会的尊重，在工作中具有较多的自主权（《国家为培养 21 世纪的教师作准备》，1986）"②。

研究教师专业发展，首先就应该对什么是教师专业发展做一个较为完整的界定。国外不少专家都给教师专业发展下了定义，归纳起来，主要有以下几种。

第一种观点是认为教师专业发展就是教师的专业成长过程。持这种观点的有霍伊尔，他认为教师专业发展是指在教学职业生涯的每一阶段，教师掌握良好专业实践所必备的知识与技能的过程。佩里也认为教师专业发展意味着教师个人在专业生活中的成长，包括信心的增强、技能的提高、对所任教学科知识的不断更新和深化以及对自己在课堂上为何这样做的原因意识的强化。教师专业发展包含着更多的内容，它意味着教师已经成长为一个超出技能范围而有

---

① 刘秀江、韩杰：《对教师专业发展内涵的诠释》，《教育科学研究》2003 年第 4 期。

② 陈琴、庞丽娟、许晓辉：《论教师专业化》，《高等师范教育研究》2002 年第 6 期。

艺术化的表现，成为一个把工作提升为专业的人、把专业知能转化为权威的人。富兰和哈格里夫斯也指出教师专业发展既指通过在职教师教育或教师培训而获得的特定方面，也指教师在目标意识、教学技能和与同事合作能力等方面的全面的进步。利伯曼通过比较"在职教育""教师培训"，认为教师专业发展可以把教师看作是一个"反思实践者"，一个具有缄默性知识基础的人，能够对自己的价值和与他人的协调实践关系不断进行反思和再评价的人。

第二种观点是认为教师专业发展是指促进教师专业成长的过程。如利特尔认为教师专业发展可以从以下两条不同的路径来进行研究：一是教师掌握教师复杂性的过程，这些研究主要关注特定的教学法或课程革新的实施，同时也探究教师是如何学会教学的，他们是如何获得知识和专业成熟，以及他们如何长期保持对工作的投入等；二是侧重研究影响教师动机和学习机会的组织和职业条件。

第三种观点是结合以上两种观点，认为教师专业发展既是教师的自身成长过程，也是外界因素促进教师专业发展的成长过程。威迪恩认为教师专业发展有以下五层含义：（1）是协助教师改进教学技巧的训练；（2）是一种学校改革整体活动，以促进个人最大成长，营造良好的气氛，提高学习效果；（3）是一种成人教育，增进教师对其工作活动的了解，不只是停留在提高教学效果上；（4）是利用最新的教学研究成果，以改进学校教育的一种手段；（5）是一种目的，它协助教师在受尊敬的、受支持的、积极的气氛中促进个人的专业成长。[1]

---

① 叶澜、白益民、王枬等：《教师角色与教师发展新探》，教育科学出版社，2001，第224—228页。

相对国外来说，我国教师专业发展的研究起步较晚。但是，我国许多教育专家在吸收国外先进理论的基础上，结合我国实际情况，对教师专业发展作出了较为全面的解释。

谢维和认为教师专业化实质上反映了一种整个教师培养和管理模式的变化和转型，它内在地包含了教师与学生之间的变化，体现了教师与教育管理机构之间关系的变化和改革，隐含着教师地位的变化。

李建勋认为，经验的教育已为科学的教育所代替，即教育已成为专业，其与医师、律师、工程师等相同。"故从事教师者，非受充分之训练，难望其胜任愉快；换言之，未受训练者即不应为教师，与未曾学习工程者之不能做工程师，正复相同。"[①]

叶澜、白益民、王枬等指出教师专业化主要是强调教师群体的、外在的专业性提升；教师专业发展则是教师个体的、内在的专业性的提高。

我国台湾学者罗清水认为教师专业发展乃是教师为提升专业水准与专业表现而经自我抉择所进行的各项活动与学习的历程，以期促进专业成长改进教学效果，提高学习效能。

笔者认为，所谓教师专业发展，是指在教育的不断发展和教育改革不断深入的前提下，教师通过严格的专业选拔和有效的专业训练后，具有全面、系统的专业理论和实践知识基础，具有较高水平的专业判断和决策能力，在自身不断主动学习的基础上，逐渐成长为一名专业人员的发展过程。它要求高质量的教师不仅是有知识、有学问的人，而且是有道德、有理想、有专业追求的人；不仅是有

---

① 陈永明等：《教师教育研究》，华东师范大学出版社，2003，第 403 页。

高学历、高职称的人，而且是终身学习、不断自我完善更新的人；不仅是学科的行家，更是教育的里手。

随着教育研究和课程改革的深入，如果仅仅对课程改革的静态方面如课程目标、课程内容、教学策略等进行革新，并不能自行启动和推行有效的教学改革。想要使课程改革达到所希望的目标，更需要动态的中介——参与并投入其中的人来实现。教师作为课程改革实施中的关键一环，对课程改革是否成功有着不可比拟的重要性。因此，教师专业发展是课程改革取得成功的前提条件和内在动力。

一般而言，教师专业发展，主要是强调教师个体内在专业特性的促进与完善，包括教师教育理念与职业道德、专业知识、专业能力、专业情意、专业自主等符合教师专业标准的各维度有机结合的积极提升过程。在早期教师教育领域，主要有三种研究范式：教师认知结构研究、教师行为研究和教师实践知识研究。

教师认知结构研究和教师行为研究是将教师作为抽象意义的个体孤立于客体进行研究，教师实践知识研究虽将教师作为形象意义的个体植入具体情境中进行研究，但主要关注的还是教师个体，忽略师生、师师、教师与社会文化生态圈之间的联系。教师教育大部分研究和实践的框架来自萧恩的"反思性实践者"模型①，但多数研究者将反思性实践作为教师个体行为，忽视了教师个体与他者之间的关系。

随着时代的发展，教师专业发展的含义也发生了相应的变化。

---

① E. Wayne Ross and Jeffery W. Cornett and Gail McCutcheon, *Teacher Personal Theorizing: Connecting Curriculum Practice, Theory, and Research* (New York: State University of New York Press, 1992), p. 179.

新时代的教师专业发展要求教师在具有传统意义上的专业能力，如在理解本学科的知识和结构、掌握必要的教学技能等的基础上，还必须具有扩展了的专业能力，即通过较系统的自我研究，实现专业上的自我提升。操太圣、卢乃桂将教师专业性理解为"从事教学工作之专业人士的教师，在具体教学实践中所表现出来的观念上、态度上、知识上和行为上的一些典型特征……而是教学专业本身独特性的充分显现；它不是由外而内或由上而下对教师所施行的强加的、客观的要求，而是教师生活的全方位展现"①。

新时代的到来，交叉学科的相互融合，教师教育研究开始走向新的纪元。不少专家学者结合哲学、心理学、社会学等学科领域最新研究成果，运用"建构主义""符号互动"或"人类发展生态学"等理论，从关注教师个体的认知结构研究、行为研究和实践知识研究转而关注教师个体与个体、个体与群体之间的关系，认为教师教育教学实践知识不仅仅是认知结构和行为的积累，在根本上是教师与社会文化相互作用的结果。教师的个人生活经历、教师所处的社会文化环境影响着教师的认知结构与行为。个体与社会不是分割的，而是相互融合的关系。杜威曾经说过，思考和决定形式是某种纯粹个人的东西，看似是个体的事情，但是细思之下会发现它们是一起进行的，没有任何完全孤立进行的事情。某一事情的进行都会与其他事情的进行联系在一起。② 因此，教师信念的形成与稳固，教师专业发展与完善，应将教师个体与各种文化关系和社会关系结合在一起。了解教师信念也就是了解教师与他者之间的关系，理解

---

① 操太圣、卢乃桂：《论教师专业性的提升》，《高等教育研究》2005 年第 1 期。
② John Dewey, *The Public and Its Problems* (Athens: Ohio University Press, 1927), p. 22.

教师也就是理解教师生活的社会文化。

1. 教师信念与角色转变

作为教育教学实践活动的驱动力和引领者，教师教育信念的形成对其教育教学行为产生重要的影响作用。教师正确而坚定的教育信念不仅可以影响教育教学实践活动，更为重要的是通过教师教学行为，影响学生的观念导向和学习行为，使学生在富有个人色彩的教学行为影响下成长。苏霍姆林斯基曾指出，在学校全部教育现象及复杂关系中，教师信念是学校最宝贵的东西。他认为学习优秀教师的教学经验，不是将教学方式方法机械地用到自己的工作中，而是深刻理解优秀教师的教育教学思想，是教师教育信念的体现。[①]

"教学有法，但无定法。"每位教师呈现出的教育思想和教学行为都各具特色，而优秀教师之所以优秀，在于他们对教师职业有着深刻的理解和全面的把握，在于对学生和教育事业有着诚挚的爱，在于其思想观念、态度价值、教学伦理、专业知识能力、方法与途径等融合统一内化为独特的信念体系，在于对教育教学方法运用的娴熟与睿智，在于对教育教学情境中的机智和敏锐，在于对教育教学的创造与开拓，在于对师生共同的成长和国家的未来抱有矢志不移的信心，他们才会在回顾自己的教学生涯时特别强调教育信念在专业发展与自我成长中的价值和意义。[②] 正如原联合国国际教育发展委员会负责人库姆斯曾说过，使教师成为优秀教师的，不是他们的知识或方法，而是教师对学生、自己，他们的目的、意图和教学

[①] 转引自柳斌主编《中国著名特级教师教学思想录（上卷）》，江苏教育出版社，2000，第 78 页。

[②] 赵昌木：《论教师信念》，《当代教育科学》2004 年第 9 期。

任务所持有的信念。^① 在某种意义上说，教师信念是教育教学工作的灵魂，是推动教师学习和工作的动力，是教师顺利成长和完善教师信念的重要保证。

随着时代的进步与发展，在当今的教学实践活动中，教师的角色已发生了转变。"以教师为中心"的传统教学模式逐渐转变为"以学生为中心"的现代教学模式。较之以前，教师角色发生了巨大变化，由以往知识传授者的单一角色转变为多重角色。在教学实践活动中，教师既是教学实践活动的设计者、信息的引导者、帮助者、组织者、管理者，同时又是学习的参与者、合作者与改革者。教学实践活动是一个不断变化不断生成的"活"的过程，教师应该意识到，在使用教学知识和技能时，必须谨慎对待在教学中一直不断变化的各个方面所涌现的各个具体问题，他们必须学会和使用教育的方法和策略，而且继续对他们的实践进行批评和反思，从经验中吸取教训。而教师在进行改变和反思的时候，教师信念，特别是他们的教学信念，在教学实践活动中承担着引导作用，有意识或无意识地影响他们的教学实践活动发展的方向。作为信念体系重要的部分，教师信念应该被充分鼓励，并且必须扮演指导性的角色。

① Arthur W. Combs, "New Assumptions for Educational Reform," *Educational Leadership* 45, No. 5 (1988): 38—40.

2. 教师信念与自我实现

在特定的社会文化背景下，人们形成自己独特的信念和思想，不论意识到还是意识不到，它都在影响着人们的行动。对于教师而言，他们就是"朴素的"教育家，对于各种教育教学问题都有着自己的一套观念和看法，这些观念和看法常是内隐的，教师对其很少清晰地意识到或进行深入反思，但是它们无时无刻不在影响着教育实践。

教师信念是教师在自己人生经历和教学生活中形成的对教育事业的价值判断与价值选择，是教师基于自身教育教学实践活动中的经验与认知，是教师对专业发展和个体生命意义的理解与体悟，是具有独特个人色彩的教学思想与理论。它使教师的知、情、意、行和谐统一起来，为教师专业发展提供坚厚的理论依据和坚定的追求目标，对教师改变起着引领和定位的作用。

教师专业发展和自我成长如果仅仅停留在教师专业知识的积累和专业能力的提高上，而忽略了教师信念以及价值观等方面的形成与确立，即便教师的专业知识和专业能力有一定的提高，也只是暂时的，难以持续和谐地发展。教师专业发展和自我成长如果缺少教师信念的引导与支持，难以确立长久而坚定的目标，就如同行船没有方向、个体失去了灵魂、人生没有期望，教师专业发展和自我成长也会流于形式，精神的失落会导致教师这一以此谋生的人，成为教育的工具和附庸，而不是把教育看作一份事业并为其努力奋斗、奉献终身的人。

当教师能够对教育事业的价值、意义、使命等问题有了清晰的认识之后，教师专业发展才可能成为教师发自内心的需求，也才能具有生命的内涵和意义，成为教师生命成长的重要组成部分。

目前我国的教师专业发展，存在着一定的"知识化""技能化"的倾向，所看重的是教师专业的外部发展。而教师专业发展所强调的是将教师作为一个完整的人，不只是要对教师进行知识和技能的培训，更重要的是要教师意识到自己是有思想的人，教学是有生命的活动。教师信念的完善和升华，可以使教师专业发展成为内在价值追求和外在行为追求的有机统一，使教学实践活动成为教师自主、自为、自觉的活动，从而真正促进教师的专业发展。

马斯洛人本主义学说中的突出之点是对于自我实现的论述，他几乎将人性中可能具备的所有优秀品质都用于对自我实现者的描述，认为他们是"光辉的榜样"，是"人类最优秀的代表"。①

一方面，作为教师专业结构中的统帅和灵魂，教师信念对教师的成长与发展具有动力性、基础性、先导性和全面性的作用；另一方面，教师的专业发展是教师信念践行和丰富的过程，也是教师人生价值和意义实现的历程。教师信念通过教师对教育的价值和意义、教育和人生以及社会的关系、教师职业的价值和意义的自我坚信，预设了教育的理想和教师的职业理想，成为教师发展和成长的精神支柱，为教师提供生活的意义和价值；规定了教师的教育生活、交往方式和生活道路，从而形塑教师的教育个性；决定了教师实践和个人教育实践智慧和教学风格的形成。教师在长期的教学实践中通过较完善的教学实践活动在教学观点、教学方式方法、教学技巧、教学作风等方面稳定、综合地体现出独特的教学个性特点和

① 马斯洛：《马斯洛人本主义哲学》，成明译，九州出版社，2003，第298页。

审美风貌，但任何风格都有自己独特的思想灵魂或哲学基础，是个体人生哲学和职业思想灵魂的形式化。

教师专业发展是教师的知能结构、教育信念和文化性格的逐步提升与完善的过程，是外在环境与教师内在因素相互作用的结果。教师专业发展的整体性、动态性与跨文化性，决定了教师信念的发展历程是一个连续的、多维的互动过程，是一个社会文化期待与主观自我期待的互动过程。

第二章　教师信念的文化品格分析

"文化是人类在处理人与世界关系中所采取的精神活动与实践活动的方式及其所创造出来的物质和精神成果的总和，是活动方式与活动成果的辩证统一。"

——张岱年、程宜山

教师信念的产生和形成与教师所处的社会文化紧密联系。教师信念源于文化，无时无刻不受社会文化的影响与熏染，同时，教师信念也传承与发展着社会文化。

"文化—人的文化生命—教育"是处于同构互生之中的。换言之，在人的文化生命的关照之下，教育和文化是一种相互包含的动态关系。在教育教学实践活动中，以教学内容为中介和桥梁，通过师生双方的对话与交流，实现"以文化人"或"使人文化"的价值追求。教育的终极价值追求是达成教化、生成教学智慧和促成人格完善，而教师信念的确立、发展在某种程度上可以促使教育价值的实现。教师是处于特定文化中的教育者，教师的教育信念中的价值取向、知识基础、教育行为等既源于特定文化，又是特定文化的实践表现。信念的涵养应以传统文化为根基，以社会文化为背景，以学校文化为基本场域。①

一、教师信念的价值取向分析

（一）教师信念的价值冲突分析

教师信念的形成过程是动态发展的，教师信念系统一直与教师所处的社会文化环境以及其他因素发生相互作用，在社会文化环境的影响下以及教育观念的不断演变中，教师信念也会经历自我更新与完善的发展过程。在教师信念的演化过程中，教师信念主要表现为两种不同的发展趋势——"磐石化"（强化）和"危机化"（弱化）。教师信念的发展完善的过程，也是教师信念强化与弱化的博弈过程。

1. 教师信念的"磐石化"

磐石是指厚而大的石头，在汉语中常用来比喻坚定不移的信念。顾名思义，教师信念的"磐石化"是指教师信念在发展完善的过程中获得内聚力，对其具有坚信不疑的价值判断，形成日益稳固的系统，达到了坚如磐石、百折不挠的程度。

教师在教育教学实践活动中，通过认识和实践的检验，正确而坚定的教育信念取得了真实性的成效或实现了预期目标，这种成功信息就会反馈给教师认知系统并使教师教育信念得到强化，教育信念强化的广度和深度愈大，它的强度就愈大，教师就愈坚定这种

---

① 董海霞：《论教师教育信念的文化性格》，《当代教育科学》2019 年第 3 期。

信念。

此外，教师信念的"磐石化"还有对信念的自我保护。当在教育教学实践活动中，教师信念受到阻碍或是挫折之后，教师总是会寻找更新的支持要素，不断调整自身教育教学意识和教学行为，使其教育信念体系不被消解，从而增强教育信念的内聚力。这种保护的结果强化了教育信念本身，在某种程度来说，教师信念的"磐石化"是教师信念正态发展与完善的基础和动力之一。

2. 教师信念的"危机化"

教师信念"危机化"是指教师产生和形成的信念系统在教育教学实践活动的认识过程中，因为与社会文化环境的冲突以及与自身认知结构的不合，所产生的教学效能越来越低甚至没有教学效能的体现，导致教师积极性越来越低，消极情绪越来越明显，教师信念的功能越来越微弱，对教育教学实践活动没有驱动力，以致最终瓦解。

新时代的到来，我国社会的主要矛盾已经转化为人民日益增长的美好生活需要和不平衡不充分的发展之间的矛盾。由于社会主要矛盾的转变，教师信念和专业发展也会随之更新。美好生活需要与不平衡不充分的发展之间的矛盾，同样体现在教师信念的发展与完善过程中。由于美好生活需要与不平衡不充分发展之间的矛盾现状，教师信念的发展与完善跟不上时代发展的步伐和社会文化的变化，这就使得教师个体教育信念滞后，教育教学意识日益僵化，教育教学方法重复不变，逐步丧失了教育教学的激情与创造性，使得教育信念在和社会文化各因素进行信息交流的同时，拒斥新信息、新知识，从而在信念体系中，正态积极因素越来越少，负面消极因素越来越多，使之逐渐丧失生动的活力，最终归于消解。

3. "磐石化"与"危机化"的博弈

教师信念的确立与完善，在一定程度上来看，即是教师信念"磐石化"与"危机化"的博弈过程。

首先，教师信念"磐石化"和"危机化"的动因是教师主体与客体之间的冲突以及两者同处社会文化环境条件下的相互作用。教师主体与外界客体之间，是一种认识与被认识、改造与被改造的关系。当教师主体需要与外界客体的发展与变化保持一致时，教师信念系统保持着相对稳定的状态；当教师主体需要与外界客体的认识与改造发生冲突时，教师信念系统就会受其影响而改变。外界客体的变化导致教师信念发生强化或弱化反应。

其次，教师信念"磐石化"和"危机化"的基础是教师认知结构的知、情、意和经验的结合。教师信念的动态发展，既是教师信念不断形成与建构新信念的演变过程，也是更新与消解旧信念的蜕变过程。教师信念的生成基础和消解原因都源于教师所处的社会文化环境和教育教学实践活动。教师信念由知、情、意和经验结合而成，它们的不断积累或不断衰退会导致教师信念的强化或弱化。

最后，教师信念"磐石化"和"危机化"的直接动力是社会文化和教育教学实践的发展。人类社会的发展是随着时代的变化和文化的变革不断前行的，旧文化与新文化的冲突会促使社会文明的不断进步。教师信念的发展也是如此，没有新旧信念的对立与冲突，教师信念就不会是动态发展的。没有发展，便不会有教师信念的强化与弱化。

教师专业发展的核心动力来源之一是教师新旧信念的对立与冲

突。在社会文化发展的碰撞与冲突中，与教师自我成长有紧密联系的、对教师信念和行为具有关键影响的重要人物和事件，才能够驱动激发教师专业发展的潜能。

（二）教师信念的价值标准分析

我们知道，人的行为常受外部环境与自身认知的影响和制约。影响因素的外在部分主要包括社会文化生态环境、人与人之间的关系、个体生活的情境等方面；影响因素的内在部分包括人的需求、兴趣、理想、价值观、人生观与世界观等方面。但总的来说，人的行为受内在因素的影响程度较之外在因素更为深远。在教育教学实践活动中，外显因素主要制约教师的及时性教学行为，内在因素主要制约教师的持久性教学行为。

教师信念的生成和发展受外在因素中的社会文化环境影响与作用而表现出一定的社会价值导向与文化发展方向；教师信念的生成与发展受内隐因素中的教师个体需要、志趣、知识、价值观等影响与作用而表现出个体独特性。教育信念是教师行为的指南与内在动力，而教学行为正是教师个性倾向性系统中高层次需要的表现形态，是教师信念的表征与反应。教师信念是一种文化与习惯，是积淀在教师认知结构中的价值观念，不易察觉，不易改变，潜移默化地引领和指导着教师的教育教学行为。

1. 教师信念的文化"自在"与"自为"

任何文化，都经历过从"自在""自为"到"自觉"的过程。所谓文化"自在"，是人们在实践活动中自发的文化形态，通常由习惯、经验、常识、情感等自我生成的因素构成，自发存在，其载体具有较大的差异。

在文化学研究领域中，将个人文化意识发展分为文化自在和文化自觉两个阶段。文化自在是个体无意识的文化生成，是较低级的文化意识发展阶段；文化自觉是个体有意识的文化生成，是较高级的文化意识发展阶段。依据文化学研究方法，教师信念可以分为教师信念的文化自在状态与文化自觉状态。

其中，教师信念的文化自在状态对专业发展的影响是内外部力量相互作用的过程。教师信念的文化自在状态是指特定的社会文化环境对教师教育价值取向与教育行为无意识的干预与控制，进而对教师信念产生阻碍，影响教师教育信念、教育行为、文化情感与专业发展。教师信念的产生与发展基于教师需求、价值观发展基础上的主动、积极、自觉的过程，是教师有意识地将自己变成文化的主体，在发展过程中不断反思、调整教育价值取向与教学行为；不断意识到自身的文化使命与教育职责；不断了解社会文化品格与个体自身文化品格之间的关系，从而自觉发挥优势，弥补不足。教师需要通过知、情、意和行为来决定是否顺应或认同、改造或创新社会文化各因素并反作用于社会文化。

文化是精神活动和物质活动的产物，是人与自身、人与他人、人与社会、人与自然的相互关系，并随着文化的不断碰撞与演变向前发展。人的实践活动影响文化的变迁，受到"人为"影响；同时，文化又有其自身的发展规律，在一定程度上文化张力是文化发展的源动力，是影响人实践活动的重要因素，是"为人"的。精神文化和物质文化的融合，对人类的发展产生着重要的作用，决定着社会文化生态环境以及人类的精神世界发展水平。教师作为社会文化的传承要素之一，受到生活文化场域的影响。文化的超越性和创造性精神影响着人类，也影响着教师，为教师提供自由和创造性活动的基石与条件；但特定的社会文化场域，又会影响和制约教师创造性的活动，约束教师教育理想信念的发展。

2. 教师信念的文化自觉

文化的物质层面主要是人类解决与自然的关系，征服自然、利用自然；文化的制度层面主要是人类协调人与人、群体与群体、民族与民族、社会与社会之间的关系而制定的具有约束力的契约制度；文化的精神层面主要是解决与自身之间的关系，探索精神世界，满足情感等心理需求，实现自我发展与完善。文化的不同层面都是人类对社会理解的表达方式，不同时代不同地域不同民族的文化表征方式虽各异，但文化的本质都是对人类精神的追求、对生命的创造、对自然对社会对自我的理解与接纳。所以，文化的各个层面不是孤立存在的，三者之间相互渗透、相互作用，形成社会、文化与个人之间的统一体，并将这种统一体付诸教育，使其具备主动性、引领性与预知性。

费孝通先生认为，从文化自在到文化自觉是相对艰难、缓慢发展的过程。人类只有认识自身、认识所属文化以及所处社会文化环境，才能在文化融合与多元的世界中清楚了解自己的位置，在文化适应过程中，将文化特性取长补短，共同建立起和平共处、各抒所长、联手发展的共处守则。也就是所谓的"美人之美，各美其美，美美与共，天下大同"[①]。

文化自觉是指人类个体对自身文化的了解程度与掌握情况，明

---

① 费孝通:《论文化与文化自觉》，群言出版社，2007，第190页。

白文化的产生、形成与发展，加强对文化融合变革的适应能力，获得文化选择的自主地位。文化自觉是人的主体性与能动性在文化上的体现。文化自觉是一种深刻的文化思考，是一种广阔的文化境界，是一种执着的文化追求，是一种具有高度人文关怀和社会责任感的文化理念。

众所周知，文化造就教育，教育离不开文化。在社会文化飞速发展与快速融合的今天，教育面临现代性的发展机遇，同时也面临着历史文化的挑战，教育的传承与改革应保持一种怎样的平衡？教师是否应该自觉地审视自己的文化基础，是否还保留着那份应有的文化自觉？这些问题，都是教师所应思索和探寻的。

教师的文化自觉是教师信念理性程度的体现，也是教师专业发展的重要影响因素。教师的文化自觉状态是教师对自身所处的社会文化环境以及其发展过程的认识，也是教师反思自身教育信念的过程。正确而坚定的教师信念，是教师对教育原理与价值的理解，是教师对自身劳动特点的认识，是教师对自己发展目标以及人生理想和价值之间关系的领悟。正确而坚定的教师信念，会促进教师教育教学实践活动的开展，会激励教师坚持不懈地工作，会促使教师全面理性地认识教育的本质，会自觉遵守教师职业道德要求，会不断提升专业素养。

（三）教师信念的价值旨归分析

信念与认知、情感意志、态度乃至价值观紧密相连，它的理论是建立在个体特定的和具体的价值、假设、喜好和期望的体系之上，是个体主观产生、形成和建构的。有学者在对教师信念进行深入研究之后，认为实际上"我们几乎不可能完全客观地捕捉教师的信念究竟是什么"。但同时提出，"假如从逻辑实证的角度考察，有关教师信念的理论建立在有'成见'的假设之上，必然是不完善的；然而，作为释义学的理论却极有意义"①。

文化的不同层面不同场域的各个组成因子相互连接相互作用，形成一个有机的整体，调节和规范着教师的信念与行为，同时教师的信念与行为也反作用于不同文化层面不同文化场域。文化各要素、社会与文化、文化与教师专业发展、教师专业发展与教师改变之间，都可以凸显教师信念的作用与影响力。

1. 教师信念的时代精神

教育可以说属于未来学，它涉及培养和造就什么样的人、建造什么样的社会和伦理价值秩序，旨在思考和探寻人类及社会存续、发展的一般问题，预设人类的应然未来，构想"社会理想国"的图景。教育正是基于人与社会的视角，丰富和具体化着人们对宇宙和自身的反省与思考。

教师是人类灵魂的工程师。在教育过程中，教师不仅以先进的科学文化知识影响学生，而且将自己的道德、人格、情操、责任感及献身精神潜移默化地渗透到教育过程中，影响着学生的发展。教师信念是主观见之于客观的东西，尽管教师信念不能直接有效地作用于物质世界和社会现实，但却可以在人类精神层面和观念领域营造起一个知识、伦理、信仰三位一体的人类精神生态圈。它所引领、铸就的社会和时代教育的精神力量必将融入并内化为人们的生

---

① 耿涓涓：《教育信念：一位初中女教师的叙事研究》，载《中国教育：研究与评论》第 2 辑，教育科学出版社，2002，第 185—207 页。

命信念、价值观、伦理操守，实现教育的改造价值。

2. 教师信念的人文精神

在现时代条件下，教育的终极价值取向由关注知识的传授逐渐转向为关注学生自身的发展和完善。培养具有完整意义的人已经成为时代发展的共识。教育如何培养人，怎么提升人的发展成为教育专家和工作者所迫切需要解决的问题。当代教学价值必须依托深厚的文化底蕴寻求答案，这就是人文精神。所谓人文精神，是指整个人类文化所体现的最根本的精神，是指向人的主体生命层面的终极关怀。它是以追求真善美等崇高的价值理想为核心，以人的自由和全面发展为终极目的，从而促进人格的完善。①

教育教学实践活动因为有教师与学生的关系，不仅仅是简单的技术活动，而且是一种人文性的社会文化交往活动。教育教学实践活动的旨趣在于把人从自然欲望和专制愚昧中解放出来，从自然质朴性和"单向度"中释放出来，其最根本的目的是满足人的精神世界需要，是以提升人的精神境界为准则，是主体间的交往与适应活动，鼓励人追求自由与民主，解放与超越。德国哲学家雅斯贝尔斯曾经说过："教育就是一棵树摇动另一棵树，一朵云推动另一朵云，一个灵魂唤醒另一个灵魂。"教师通过教育教学实践活动，影响学生的心灵和精神。正确而坚定的教育信念，会使教师拥有境界高尚、内涵丰富的精神世界，具备积极正向、灵活多变的教育策略，温暖感人、自由平等的教育行为，从而引导教育教学实践活动走向新的高地。

---

① 孟建伟：《论科学的人文价值》，中国社会科学出版社，2000，第259页。

作为社会文化传承的载体，教师在对人类的理解、对文化的掌握以及对教育终极目标的追求之下，以教育教学实践活动为平台，引领学生认识与了解文化各要素。在教育教学实践活动中，教师不仅仅是教学实践活动的执行者，更是文化价值的工作者、传播者与释义者。

3. 教师信念的文化生成

教育教学实践活动是动态生成的，教师信念需要根据教育教学情境的实际变化及时修正，教师通过教育信念的调整作出即时的教育决策，改变教学行为，从而实现教学效果的提升。教师职业的特殊性之一在于劳动对象的发展性和不确定性，教师教育教学实践的对象是人，是人的思想与心智，存在着个体差异性且不断变化发展；在教育教学实践活动中的师生双方都具有主体性、主观能动性以及个体差异性，教育过程总是处于暂时性的"情境"之中，在不断地适应与调整。可以这样认为，教育教学实践活动是人类社会最复杂最具挑战性的工作之一，充满着主体间及主客体间大量的可变因素，充满着偶然性与不可预设性。教师必须充满着教学智慧，审时度势，随机应变，用其观察力、直觉和常识及时作出正确明智的判断，在不断变化的教学实践情况下采取适当合理的行动。

教育教学实践活动的特殊性使得教师立足于对自我的认知，立足于对教育的理解，立足于对社会文化环境的把握，形成正确而坚定的教育信念。在教育教学实践活动中才能根据教育情境的实际变化，随时提供理论和思想支持，进行理智性的判断与选择，调整修正教学行为，才能紧随教育教学实践活动的动态生成过程。

成熟的教育信念是教育家与一般教师、专家型教师与新手型教师的关键区分点，有无自己成熟的教育信念是划分教育家与教师的重要标准。古往今来为师者不计其数，但由教师而成为教育家的却屈指可数，其根本原因就是有无自己成熟的教育信念。孔子、苏格拉底、苏霍姆林斯基、杜威等人之所以成为有影响的教育家，正是因为他们在教育实践中形成了自己深思熟虑的教育信念，并在教育实践中奉行着教育信念，在一生中不断地检验、完善、丰富自己的教育信念。

　　古今中外教育家的心路历程，都能反映出他们成熟的教育信念，以及在教育信念指引下所进行的有意义和有影响的教育活动。从这一角度来看，教育信念是使教师的平凡工作得以升华，变得更富有意义的关键所在，教师专业发展的基石与动力便是教师正确而坚定的教育信念。

二、教师信念的观念导向分析

　　教育信念是教师从事教育、教学工作的心理背景和精神指引，是教师专业发展和自身改变的重要组成部分之一。特级教师王树声在谈到他的心路历程时说，作为一名教师，其教学思想主要体现在教育观念上，包括对教学、对学生、对教师自身、对教育质量等一系列的看法，并在其教学行为中反映出来，这是通过学习、实践、自身素质、集体影响、环境培养等多方面因素形成和发展的。在他40多年的教学生涯中，有很多体会、想法，都是融入了自己的思想和情感，形成了属于自己的观念和认识。教育工作联系着千家万户，也关系着千秋万代，而这一切则需要每位教师以自己的奋斗和智慧、行为和形象去教育学生、影响学生，所以说教育是哲学、科学、艺术、技术四者的结合。[①]

在教育教学实践活动中,教师既是教学实践活动的设计者与执行者,也是文化价值的传播者与释义者。多元角色和身份的教师与渴望知识的学生一同进入教学实践活动中,师生相互交流沟通是一种文化交流与适应,联结师生的载体也是社会文化的具象表征。以教学实践活动为载体,以文本为中介,通过师生相互的对话与交流、适应与理解,实现"以文化人"或"使人文化"的价值追求。教师信念的确立、发展在一定程度上促使师生双方的有效沟通,从而实现教育的终极目标——达成教化、生成教学智慧和促成人格完善。

(一)达成教化

从哲学视角来看,教化是指人作用于人的全部行为。人类的行为只要从中得到教训或是受到启发,对人自身产生了作用,改变了人的思想意识,改变了人的行为习惯,都可以称之为教化。

从教育学视角来看,"教"是指"上所施下所效","化"是指"教行于上,化成于下",通过上行而化成于下。"教化"与"教育"仅仅一字之差,但其内涵丰富完善许多。"教化"把政教风化、教育感化、环境影响等显性与隐性的方法手段整合运用,既向人们正面灌输道理,又结合日常活动让人们在不知不觉中达事明理,强调人的精神转化过程,将人的精神世界以行为的方式进行呈现。

首先,"受过教育的人",有能力将知识转化为能力的人,才可

---

① 柳斌主编《中国著名特级教师教学思想录(下)》,江苏教育出版社,2000,第315页。

能是达成教化的人。美国教育哲学家彼得斯认为"受过教育的人"具备以下几个方面的特点：其一，主体所达到的教育目标包括知识与技能、过程与方法、情感态度与价值观等三维体系，缺一不可；其二，主体所获取的信息和掌握的知识应能驱动其不断发展，不断改变思维方式和行动能力；其三，主体能客观公正地对思维形式或意识形态进行内部评价；其四，主体必须获得多元学科知识体系，了解各学科体系之间的有机联系并能综合分析解决问题。

其次，具有理性自觉的人，能够理性批评和自我反思，并能在实践活动中得到能力提升，文化精神不断完善，才可能是达成教化的人。哲学的终极目标是造就和培养理性自觉的人。要培养理性自觉的人，要实现真正意义上的达成教化，需具备以下几个方面的特点：其一，能理解和领会社会文化的要义与内涵，并能将文化要义合理地内化到个体心智结构中，结合对教育教学本质、课程及方法论的认识与理解，形成富有独特个人色彩且相对适合自我发展的教育信念和实践行为；其二，必须结合人类的历史文化和个人实践经验，对教学实践活动进行有效的选择和合理的反思。在进行选择和反思时，主体的开放态度、科学精神和创新意识是不可缺的优良品质；其三，一定要具备稳定的科学的教育价值观，能全面深刻地洞悉和分析现实教学情境的深层内涵，并能主动地进行教学实践与改革；其四，能在教育教学实践活动中依据理性教育价值观，以反思性实践者的角色存在。不断批判自我，不断反省自我，不断使教育理论与教学实践之间的关系变得合理科学，不断促进教育信念的完善与专业发展。彼得斯认为：个体的信念与其自身经验息息相关，信念受其经验和认知的影响呈现出感性色彩。教育的目的之一便是将感性经验与认知转化为理性意识与理解，以此改变个体对社会、世界和他人的看法以及行为方式。也正因为如此，哈贝马斯把解放的认识旨趣赞誉为社会成员达到了"自主与责任的统一"。①

（二）生成智慧

教学智慧是一种特殊的实践智慧，亚里士多德在《尼各马科伦理学》一书中将实践智慧称为"明智"。他认为，明智是指引主体行动、与思考相联系、关乎善恶的真态度。明智也就是一种专门的思维，是依据理性实践生成的品质。首先，明智与行动相关，具有实践性。明智的目标不在于知识本身，而在于行动。行动受社会文化环境所影响所制约，明智也会随之受到社会文化环境的影响。其次，明智与思考相联系：明智是思考的导向，思考是明智的具体践行。一个明智的人就是一个善于思考的人。思考可以是伦理性与技术性思考的结合，明智则更多是对行动目标的思考。最后，明智是关于善恶的真态度。明智与机智不同，机智是对社会文化环境的把握和综合运用，不受伦理的约束，不在乎目标是扬善或是抑恶；明智不仅仅是对社会文化环境的良好处置，而且要达成伦理上的最佳状态。

教育教学实践活动的本质，不仅在于获得基本知识与能力，还在于养成求知探究能力；不仅在于单向度的学习，还在于主体间相互交流与达成理解；不仅在于获得信息，还在于生成智慧实现自我成长。

教育教学实践活动的理论与思想、经验与方法所形成的实践性教学知识，在特定的社会文化环境中，可以适时地转化为教师的教

---

① 赫志军：《教学理论的实践品格》，教育科学出版社，2008，第110页。

学实践理性，生成教学智慧。

在教育教学实践活动中，教师的教学智慧表现出以下特点：第一，教师知道如何进行教学实践活动；第二，教师在教育教学实践活动中可以根据教学实际情境作出合理判断与分析，表现出积极的"实践理性"；第三，作为教育理想、价值观、原则和规范的教师信念，可以在教育教学实践活动中稳定持久地发挥积极作用。

教师纯粹运用教学技术与方法，不能依据实际的教学情境及时对学生进行引导与帮助，只能是技术实践者，而不是理性实践者。只有将教育技术与教学智慧结合起来，将教学智慧作为教育者特有的认知与能力，才能将经验积累合理地内化为教师个体的教育理论与教学思想，根植在教师信念系统中，并外显于教育教学实践活动。教师的教学智慧体现教师个体"积识成智—化智成德—转德成行"的结果。

（三）完善人格

情感、态度和价值观的形成和发展是人格完善的最好体现。例如，马斯洛坚持：像包括真、善、美在内的人类的古老价值，以及后来的愉快、正义和欢乐等价值，都是人类本性固有的，是人的生物性质的一部分，是本能的而非后天获得的。菲舍尔认为，价值的源泉在于情感，当合理性遭遇它的限度，对开明的理性的求助不再帮助我们时，那么思维的对位形式即情感可以帮助我们。情感是通过我们的感觉释放的，它帮助我们感知世界和辨认价值。[1]"价值是

---

① E. P. Fischer. *Beauty and Beast*：*The Aesthetic Moment in Science*（New York：Plenm Press，1999），p. 169.

在道德和形而上学方面的最后真理；事实必须依据这些真理来加以判断。实验的科学也许能帮助我们决定事实，但是，只有按照传统的永恒原则才能决定如何处置这些事实。科学给人以力量，但这种力量仅仅有助于我们去掌握方法。哲学必须决定目的。"①

苏霍姆林斯基曾经说过："教学应当是在一个人的身上创造我们社会最重要的道德和精神价值。如果我们一心想的是使学校的教学培养出真正的文明人，那么，这种教学就应当与今日年轻公民积极的思想生活结合起来，成为一个人反映自身创造力量的天地。"② 教学信念的旨归，不仅是一味强调知识的价值，更重要的是，通过对主体的价值体验，实现教学的真正使命。因此，苏霍姆林斯基认为，"认知——这是一个人多方面的充满思想和情感的生活。一个人在认知过程中，是在希望，在感觉，在爱、在恨。教师应当关心的是：让学生在领会知识时成为战士——教师的同道者，让学生在认知和体验知识时确立自己的思想立场。教师要把教学自始至终变成对观点、信念、追求、评价和自我评价的培养，并以此作为自己的使命"③。

符合时代需求的人文精神的定位是融合了科学精神在内的人文精神。以这种人文精神为价值追求的当代教学价值取向真正摒弃了单纯的知识本位、社会本位和人本位三种教学价值取向的糟粕，吸取了其合理的内核，成为我们新时代的教学价值取向，也是符合当代教师信念建构的理念导向。

---

① 罗伯特·梅逊：《当代西方教育理论》，陆有铨译，文化教育出版，1984，第50页。
② 苏霍姆林斯基、刘伦振：《遵循列宁思想 培养合格公民》，《外国教育资料》1990年第3期。
③ 同上。

三、教师信念的行为标向分析

任何教育行为都离不开教育信念，不管我们是否意识到，教育信念是实实在在地渗透在我们的教育行为中的。若要了解教师教学行为的深层原因，就应了解教师对其教学实践活动及相关事务的主观解释。研究者在对教师信念进行深入研究以后发现，教师的行为研究是研究教师信念的出发点和归宿。

由于教师信念是内隐的，不被外人所清楚了解。在教学实践活动中，教师需要不断地反思自己的教学信念，并将自己信以为真的信念表述出来以使学生理解；同时，也要尝试去反思和理解学生的信念，尤其当学生已有了自己的学习信念时。而作为教学的另一方——学生，应主动去理解教师的教学信念，同时反思自己对学习的信念。只有充分开展教师与学生之间、学生与学生之间的合作学习，教学才能达到较为理想的效果。

1. 教师信念与有效教学

有效教学（effective teaching）的理念源于 20 世纪上半叶西方的教学科学化运动，在美国实用主义哲学和行为主义心理学影响的教学效能核定运动后，有效教学引起了世界各国教育学者的关注。20 世纪以前，在西方教育理论中占主导地位的教学观是"教学是艺术"，但随着 20 世纪以来科学思潮的影响以及心理学特别是行为科学的发展，人们意识到教学也是科学，即教学不仅有科学的基础，而且还可以用科学的方法来研究。于是，人们开始关注教学的哲学、心理学、社会学的理论基础，以及如何用观察、实验等科学的方法来研究教学问题。有效教学就是在这一背景下提出来的。

有效教学的核心就是教学的有效性，即什么样的教学是有效的，是高效、低效还是无效？

所谓"有效"，主要是指通过教师在一段时间的教学后，学生获得了具体进步或发展。评价教学有没有效果，有效性到底多强，主要是看学生学习的结果。如果学生不想学或者学了没有收获，即使教师教得再辛苦也是无效教学。因此，学生有无进步或发展是教学有没有效益的唯一指标。所谓有效教学，就是在符合时代发展和个体积极价值建构的前提下，其效率在一定时空内不低于平均水准的教学。

有效教学作为一种发展中的教学范式，其教学理念主要有以下几点：（1）关注学生的进步和发展。首先，要求教师有对象意识。教学不是唱独角戏，离开"学"，就无所谓"教"，因此，教师必须确立学生的主体地位，树立"一切为了学生的发展"的思想。其次，要求教师有"全人"的概念，即学生发展是全面的发展，而不是某一方面或某一学科的发展。教师千万不能过高地估计自己所教学科的价值，而且也不能仅把学科价值定位在本学科上，而应定位在对一个完整的人的发展上。（2）关注教学效益，要求教师要有时间与效益的观念。教师在教学时既不能跟着感觉走，又不能简单地把"效益"理解为"花最少的时间教最多的内容"。教学效益不取决于教师教多少内容，而是取决于对单位时间内学生的学习结果与学习过程的综合考虑。（3）关注可测性和量化。如教学目标尽可能明确与具体，以便检测教师的工作效益。但是并不能简单地说量化就是好的、科学的。应该科学地对待定量与定性、过程与结果的结合，全面地反映学生的学业成就与教师的工作表现。因此，有效教学既要反对拒绝量化，又要反对过于量化。（4）需要教师具备反思的意识。每一个教师要不断地反思自己的日常教学行为，"我的教学有效吗？""什么样的教学才是有效的？""有没有比我更有效的教学？"（5）有效教学也是一套策略。要求教师掌握有关的策略性知识，以便于自己面对具体的情境作出决策，并不要求教师掌握每一项技能。有效教学的理念，关注学生需求是重要核心，而关注的心理基础则是尊重。尊重是人文、平等的具体体现，是社会交往中的素质要求，是诚信、关爱、协作等品质的形成基础。

在教学实践活动中，教师作为引领者和管理者，拥有什么样的教育信念将对他采取何种方式进行教学和管理产生深远的影响。譬如，如果教师相信他教的知识是绝对正确的，那么，在他教学后学生回答问题时，就会不准学生有任何的反对意见或个人观点；如果他相信他的知识受个人经验的影响，那么他就会允许学生对这些知识发表个人看法。所以教师认可并信奉的有关教学的理念，不仅影响其教学行为，也会最终影响到学生的学习行为，使得学生在某种教学行为影响下学习和生活。苏霍姆林斯基曾经指出，"在学校全部教育现象及其复杂关系中，最宝贵的东西是什么？教师的信念——这是学校里最宝贵的东西"①。

笔者在研究中发现，一些新任教师喜欢模仿优秀教师的教学方式方法，效果却与之有着天壤之别。究其根源，研究者认为，关键原因在于教师信念的不同。教师信念的发展主要受到教师从教后的

---

① B. A. 苏霍姆林斯基：《怎样培养真正的人》，蔡汀译，教育科学出版社，1992，第193页。

教育实践、所处的社会环境条件、教师群体间的文化特质以及自身的知识储备等因素的影响。优秀教师运用的教学方式方法是极其个人化的，它们源于使用的教师所具有的独特的信念体系，甚至在很大程度上，他们的信念与其教学伦理、知识价值、思想观念、教学态度、方法和策略融为一体，不可分割。新入职的教师在观摩、分析优秀教师的教学行为实践时，不能只对他们的教学方式方法片面理解，应当深刻洞察教学行为背后的东西，理解他们教育教学方法方式所蕴含的信念、知识和思想。学习优秀教师的教育教学经验，并不是把个别的教学方式方法机械地运用到自己的工作中去，而是要移植其中的思想。向优秀教师学习，应当取得某种信念。在研究者看来，教学根植于正确而坚定的教育信念，蕴含着知识的博大精深，体现了教学的娴熟和睿智，表现了对教学情势洞察的机智和敏锐，蕴含着深邃的哲理，充满了教师的创造。

2. 教师信念与教学效能

最近二十年来，教师心理研究越来越关注于教师如何看待自己的教学效果，以及这种看法与学生学习成绩之间的关系等问题。有学者在对此进行研究后发现，教师对自己影响学生学习行为和学习成绩的能力的主观判断与他们的教学效果密切相关。人们把教师对自己影响学生学习行为和学习成绩的能力的这种主观判断，定义为教学效能感。教学效能感属于教师信念的范畴。究其实质，教学效能感是教师对教师信念或自我实现的预言，它包括个人教学效能感和一般教学效能感两个方面。个人教学效能感是指教师对自己是否有能力完成教学任务、教好学生的信念；一般教学效能感反映了教师对教与学的一般看法和判断。

麦德里于 1982 年提出，教师的教学效能涉及多元因素，在研究构想时，应整合传统的教师特质特点、教师行为观点及教师过程—产出观点，以一个较全面的架构来解释教师素养、教师表现、学生学习经验及教育成果之间的关系。

教师的教学效能不应被视为稳定的教师个人特征，而是某些教师特征与其他教学及学生因素互动的产物，会因所处的教学情境而改变。香港学者郑燕祥认为，教学效能的结构应包括以下几个重要组成部分。

（1）先存教师特征：教师接受师训课程前已拥有的一套个人品质、知识、能力及信念；

（2）教师素养：教师完成师训课程后拥有的及带入真正教学环境的专业知识、能力及信念；

（3）教师表现：教师的教学行为表现，会受教学环境影响而发生不同的改变；

（4）学生学习经验：教师、学生在教与学过程中互动而获得的经验；

（5）学生学习成果：学生迈向一个设定的教育目标的学习进展及成就；

（6）校外教师教育：校外师训机构提供增进教师素养的教育或训练；

（7）学校组织环境：包括学校组织结构、人事管理、组织文化、教育设施、资源、学校目标及学校使命等因素；

（8）教室环境：包括班上学生人数及成分、学生能力、课堂气氛、教师—学生关系、教学设施等；

（9）课程：包括教学及学习的目标、内容、实践活动、进展要求等；

（10）先存学生特征：学生个人的先前学习经验、体力及智力、学习方式及其他个人特征；

（11）教学评估：监察评估教学表现、学生学习经验及成果的活动；

（12）教本教职员发展：学校根据教学评估或教师需要而组织的培训教职员的活动。①

作为教师主体对自身能力的一种信念与内在的心理体验，教师的教学效能感对教师专业发展和自身改变具有重要的作用和价值。教学效能感对教师的专业承诺有显著影响，是教师产生自主工作动机的内在原动力，是影响教师行为和教育效果的重要中介，也是教师身心健康的重要影响源。

由于教学效能感是实现教师专业发展的原动力，我们可以从其入手，提升教师专业发展的主体意识和积极信念。从教师的实际需求出发，充分调动教师主动参与，激发教师专业发展的内驱力，积极主动地完善自身发展。教师在不断进行自我反思的同时，培养自己在教育教学、学习评价、师生关系及教学革新等层面的能力信念，不断更新教育教学理念，通过不断的学习开展有效的教学提高自己的教学成效，从而建构积极的教育信念。

---

① 郑燕祥：《教育范式转变：效能保证》，上海教育出版社，2006，第212—214页。

第三章　教师信念的现实困境与影响因素分析

"教师要把教学自始至终变成对观点、信念、追求、评价和自我评价的培养，并以此作为自己的使命。"

——苏霍姆林斯基

20 世纪 90 年代以来，国内外教育领域对教师信念给予了越来越多的关注，在教师信念的影响因素、形成过程、改进方法以及与教师教学实践、自我改变的关系的研究中成果丰硕。研究成果夯实了教师信念研究领域的理论基础，凸显了教师信念实践研究的意义与价值，使教师能更清楚地了解自身信念系统各层面各要素之间的联系。

但同时，研究者对如何激励正确而坚定的教师信念的发展与完善，促进教师专业发展、自身成长的有效策略研究颇少，这主要是与教师专业发展的个体差异性相关。不同年龄、不同学科背景、不同发展阶段的教师在不同的社会文化环境影响下，所遇到的问题，所面临的挑战，所需要的指导都不尽相同。如果没有具体问题具体分析，使用同一方法与策略，其效果也就不会理想。

我们知道，信念是个体对于自然和社会坚定不移、深信不疑的认识与看法，是个体发挥潜能的动力。教师信念是指教师在特定的社会文化背景下，结合自身对教育理论的认识与理解、对课程与教学实践活动的体验与感受、对师生角色的领悟与了解所秉持的肯定的看法与观点，其范围涵盖教师生活经验、教育理论与教学实践经验，多要素构成相互联系的系统，互相作用，不断调适，及时更新，指引教师的思想与行为。形成正确的坚定的科学的信念，会使教师更好地改变、发展和成长。

国外学者较早就开始了教师信念方面的实证研究。有专家在访谈研究比较了坚持不同语言哲学观的两所学校读写教育和学生能力的差别时发现，教师的信念不同，所采取的教育方式也不同，学生的发展也会受到不同的影响。①

在教育教学实践活动中，教师作为教与学的中介与桥梁，被认为是活动成功的关键。研究者认为，教师的教学行为是在适应学校教学改革需求，不断地反思与改变自己的教育信念的基础上调整与完善的。联合国教科文组织在总结各国课程与教学改革的成功经验时所指出，教育改革的关键因素之一源于教师的积极参与，如果没有教师的积极参与与协助，或是改革意图与教师意愿相背离，那么教育改革一定会失败会消退。

我们知道，教师专业发展与自我成长是持久的系统工程，其发展的成效与教师认知结构、教育信念、态度与行为等各种内外部因素息息相关，牵一发而动全身。其中，教师信念居于其专业发展系统中的核心位置，统领着教师的其他方面的品质。

随着对教师教育研究的不断深入与发展，教师改变成为目前所

---

① Steven A. Stal，C. William Suttles and Joan R. Pagnucco，"First Graders' Reading and Writing Instruction in Traditional and Process-Oriented Classes," *The Journal of Educational Research* 89，No. 1 (1996)：131—144.

关注的热点问题。其中，信念的改变是教师改变的基础与动力。人
们意识到，只有教师的教育信念发生改变，与时俱进，适应社会与
教育改革需求，教师才能实现专业发展与自我成长。但是，目前有
关教师信念的研究，多集中在宏观理论层面，多以哲学、心理学视
角研究为主，虽可以为教师提供理论框架与支持，但对于教师信念
如何调适与完善的实践研究，还有很大的空白。

一、教师信念的现实困境

我们知道，教师信念是认知、情感和意志的有机统一体，是一
种综合、稳定而持久的心理品质，也是一种文化和习惯，是教师不
易察觉、不易受外界影响而改变的，积淀于教师心智结构中，是
"只可意会不可言传"的价值观念。所以我们无法清楚地现实地呈
现出教师的信念，只能通过教师行为去推演出教师信念系统。

对于教师信念的现状调查，可以在理论支持的基础上，从广阔
的文化背景出发去了解教师在其专业发展历程中的困惑、追求与企
盼，理解和探讨教师信念的生成、发展和完善，从而促进教师专业
发展乃至教师改变。

1. 意识的滞化阻碍了教师信念的生成和发展

心理学认为，意识是人对客观现实的自觉反映，可借以实现对
外部世界反映的概括化和有目的性，它自觉主动地反映客观世界。
许多研究收集分析数据，采用问卷和访谈的研究方法，发现不少教
师对教学的认识、教学理念的了解以及教学行为的展现，与其刚入
职相比，没有多少改变。尽管不少教师始入这一行业便树立了属于

自身的教育信念，对此也有一定的认识和了解，但就总体而言，教师信念的生成和发展意识还没有形成，大部分教师对教育信念的认识仍停留于教育信念的表层，还未能将教师信念体系与自身价值取向、理念架构和行为实施联系起来。

造成教师信念生成和发展意识缺乏的原因是多方面的，既有学校与社区的支持不足，也有教师自身的发展意识不足；既有社会生态文化的影响，也有现有教育中存在的问题的制约。所以，意识的停滞使教师较少自觉地思考信念的生成和发展问题，而是对其漠视或者回避，循规蹈矩地沿用传统的工作方式，很难主动要求发展和完善自身的教育信念系统。

此外，教学实践活动的诸多领域都需要教师之间的合作与对话，都需要教师间的经验交流与知识共享。但目前我国教师间的合作意识还很薄弱，教师之间的合作多是由教育行政部门及学校组织发起的自上而下的行为。这种形式化、表面化的人为的合作，属于教师合作的低级阶段，旨在通过操纵教师工作和生活的环境，培育教师自下而上地解决问题的能力，失去了教师合作的真正意义。不同教龄的教师在教育信念的价值取向、理念架构和行为实施层面存在多方面显著差异，揭示了不同教龄教师能力和认识上的差异的同时，也说明了他们之间缺少经常性的有效合作。通过田野调查发现，教师的合作形式最普通的是集体备课，讨论也多集中于教学内容，而对教学实践活动的深层次探讨则较少涉及。这种合作达不到相互学习、共同提高的目的。缺乏工作中的有效合作使教师信念的生成和发展陷入停滞不前的境地，很难充分发挥教师信念对于教师专业发展所应有的作用和功效。

2. 传统的教学观念制约了教师信念的生成和发展

教师的教学观念是教师对教育的理解，是教师对教育原理与规律、教育对象、教学目标与内容、教学过程与质评等教育教学各方面的领悟与意会。人们将教师称之为"未来学家"，也就是说教师的教学观念需具有时代性和超前性，不仅是要基于社会时代发展的特征，还得根据发展规律与教育对象的特点，预设教育目标。教师教学观念的时代性与超前性，不仅体现教师的专业知能与素养，同时也呈现教师的创新意识与大局意识。新时代的社会矛盾已经发生改变，新时代的教育教学理念要求教师不能沿袭传统教育教学观念，拘泥于传统教学模式，必须重构一种符合社会与时代发展的、科学的教育教学观念，建立多维立体的课程观、教学观、教师观、学生观等，以此为指引，促进学生终身学习理念，培养德智体美劳全面发展的未来社会需求人才。

笔者在研究过程中，时常发现教师仍受到传统教学观念的束缚。很多教师不适应、不接受新的教学理念，在教学方法上，关注的只是自己在课堂上教了多少，不重视学生学了多少，学生主体地位的意识并不明确；在师生关系上，也总是认为自己的地位要比学生高，缺乏尊重学生、尊重教育、以人为本的教学理念，不太理解师生实际上也是教学合作的伙伴，不太注重师生应一块学习、一块研究、共同切磋、教学相长；在专业理念上，虽然部分地区较差的外部教学条件制约了教师信念的生成和发展，但是最重要的是教师应该有不当教书匠，要当研究型、专家型教师的意识，教师应该把成为研究型、专家型教师当作自己不断奋斗的目标；在终身学习观念上，需要认识到，教育质量提高的关键是教师本身素质的提高。

知识经济时代的到来，学习目标发生了改变，课程内容也与以前有了很大的不同，教师应该不断学习、不断汲取新知识，只有这样，才能很好地把最新的知识传授给学生。教师在教学实践活动中需要随时进行实践经验的反思，旨在形成自我意识进而形成自己的教学特色；对于经验较为丰富的中高级教师要以教育科研的能力的形成和发展为重点，通过教育科研的过程参与促进自己从经验型向专家型教师的过渡。教师还应在学好现代教育教学理论的基础上，掌握现代化教育教学手段。

3. 消极的社会文化影响了教师信念的生成和发展

在访谈过程中，多位教师都不约而同地提到了"读书无用论"对教学实践活动的影响。许多家长不愿意将孩子送到学校学习，这在一定程度上或直接或间接地影响了在校学生的学习主动性和积极性，从而影响教师的教学动机和专业发展意识。

培养学生兴趣，调动学生的学习积极性是提高教学质量的重要途径。学生积极性的提高在心理上表现为主动学习，情绪高涨，精神饱满，求知欲强烈；在生理上反映为大脑兴奋性增强，激素分泌增多，心肺系统活动加强。当教师成功地调动起了学生的学习积极性，教师的劳动得到学生的认可和尊重时，教师的表率作用将会更明显，施教水准将会更高。由此形成良性循环，真正体现教与学的两个积极性，充分发挥学生的主体作用和教师的主导作用。

在与教师的访谈中，绝大部分教师都谈到学生的主动性和积极性对教师教学行为的影响。当师生之间没有应有的互动，教师在教学实践活动中也会感到孤立无援。没有实现教与学的积极性，学生没有完全发挥主体作用，对教师的教学实践活动、教师的专业发展也存在一定的影响。

4. 培养体系与培训机制的单一延缓了教师信念的生成和发展

笔者在与教师交谈中发现，教师的培养方式主要是师范院校教育，职后培训也主要是进行理论培训，对于实践方面的培训相对较少，且培训模式一般都是短期性质，形式也较单一。教师普遍反映系统地接受新的教学理念，完善自身教学信念还很困难。如何实现教师职前培养职后培训一体化，如何通过职前培养职后培训机制的一体化来促进和提升教师信念的发展与完善，是教育专家和研究者所应该关注和考虑的问题。

二、教师信念的影响因素分析

从本质上说，社会文化的发展与变革是人的发展与改变的集中体现。个体通过自我反思，调整信念与动机，改进决策与行为，促进发展与改变。而影响个体发展和行为改变的最重要因素便是个体的思想转变，也就是信念系统的变化。研究者发现，教师信念受到文化变革的影响，它的形成、变化和发展是一个连续不断、复杂多变的过程，在这个过程中，信念的形成与完善受到了来自内外部各方面因素的影响。

马丁和卡罗尔认为，教育文化与学校文化的变革，根本在于教师信念的转变。他们在研究过程中发现，教师在教育教学实践活动中，除了教学取向、教学目标与内容、教学过程与评价，他们最大的动力来自关于学校愿景的信念（学校教育目的和学校未来发展的信念）。①

吉拉、佩科龙、托勒、勒曼等学者将教师教育信念与实践行为改变之间的关系看作是循环上升的过程，教师信念与教师实践行为是相互影响、相互制约、相互关联的。并指出，同侪互助、合作学习、榜样作用、课程变革、课堂支持、职后培训等因素以及个人目标与可见性情境的冲突影响着教师信念与实践行为的改变。②

我国学者谢翌、马云鹏认为教师信念的改变主要受已有信念系统与认知情感间的冲突、信念强度和稳定性、学校文化以及学校同事的影响。③ 吕吉认为教师信念主要包括对教学实践和学生发展具有重要意义的教学效能感、教师将学生的好坏表现归为外部的或内部的原因的倾向、对学生所采取的管理与控制行为以及与工作压力有关的信念等。④

信念与人们的心智结构有关，在信念的发展过程中，个体不断对新知识新观念和新想法吸收内化，情感过滤，对其重新定义或令其转变。教师信念是教师专业发展与自身改变的重要组成因素之一，它影响着教师的认知与判断、情感与行为，影响着教学效能与学生的学习成就。但教师信念受到自身认知结构与外界社会文化环境的影响，属于主观意志，具有较强的个体独特性，表现出教师个

---

① Martin L. Maehr and Carol Midgley, *Transforming School Cultures* (Boulder: West View Press, 1996), pp. 189—209.

② Gilah C. Leder, Erkki Pehkonen and Günter Törner, *Beliefs: A Hidden Variable in Mathematics Education?* (Boston: Kluwer Academic Publishers, 2002), pp. 233—234.

③ 谢翌、马云鹏：《教师信念的形成与变革》，《比较教育研究》2007 年第 6 期。

④ 吕吉：《教师信念：教育科学研究的重要基础》，《淮北煤炭师范学院学报（哲学社会科学版）》2004 年第 2 期。

体的社会存在价值。教师信念可以感知但不易呈现，主要是在教育教学实践活动过程中将内隐的教育信念依靠教学行为外显出来，并依据个体对教育信念的改进完善，有意识地调整自己的教育教学行为。教师信念系统的科学合理性、持久稳定性对于教育教学实践活动、教师专业发展有着非常关键的作用。

一般来说，教师信念的影响因素可以分为外显与内隐。外显因素主要包括宏观层面的教师所处的当时当地特定的社会历史条件，如社会政治经济制度、文化传统制度、教育事业发展状况等；微观层面的教育教学实践活动环境优劣、教育教学实践活动时长、师生互动、课堂文化等。内隐因素主要指教师个体内部认知结构、情感价值观，对教育的认识、对教师角色的理解以及个人生活经历等。本研究着重选取社会文化生态环境、学校文化、培养体系与培训机制作为教师信念的外显影响因素；选取教师对教育的认知与理解、教师角色、教师个人生活经历、教师自我反思作为教师信念的内显影响因素进行分析研究。

（一）教师信念的外显影响因素分析

1. 社会文化生态环境

教育与社会环境互动的基础是人类具体的活动，任何活动都离不开现场。对于教师信念影响因素的分析，我们首先应该从具体的活动现场、活动主体以及主体的意向入手。社会文化生态环境便是一个具体的活动场域。弗里曼等专家指出教师学习是一个合作协商的过程。教师的知识是在与学生、家长、管理者和同行的社会交往过程中形成的；教师的课堂行为受到社会、学校、班级环境、家长、课程设置、学校政策、考试标准等诸多因素的影响；另外，繁重的工作压力也使教师在课堂上不能充分展示自己的教学理念，可见教师信念离不开环境因素的影响。

笔者在与一位具有丰富教学经验的教师交谈时，他谈道："我从 1973 年开始从事教学工作直至退休。工作之初，被分配到了一个自然村，因为当时民众居住分散，所以县里实行的是一师一校制。也就是说，在村校里，我既是校长，又是各科教师，还是后勤主任。反正所有的事情都是由我一个人来完成的。事情很多又很杂，根本没有时间也没有机会去和其他学校的教师进行交流。况且，在那个时候，民众对于学校，对于让他们的孩子上学具有抵触情绪，我们为了让适龄孩子都能上学，在完成教学任务之后还不得不走村串户地去说服民众让他们的孩子读书。这样我们教师都没有自己的时间可以支配，也就谈不上专业发展了。"

教师的生活需要是影响教师信念形成的物质方面的因素，也是最基本的需要。安居才能乐业，马斯洛需要层次也表明，人的需求是跟随着不同阶段的满足而不断发展的。对年轻教师而言，必要的生活需要是否能够得到满足影响着他们是否愿意从事教育工作，以及对自己教育事业长期规划与前景的看法。信念是价值认识，首先解决的是个体的价值问题，即人的行为如何才能对自身有益，才能满足自身需要。设想一下，如果个体在从事某种职业时连基本的生活需要都无法满足无法保障，那么他只会为了生活需要而疲于奔波，何谈自我实现？何谈形成坚定的信念？所以，基本的生活需要是教师信念形成与发展的保障基础。

同时，职业声望与社会尊重也是影响教师信念形成与发展的重要因素之一。

职业声望是"社会和他人对某一职业的认可度和接受度，积极评价与期待，如社会公众的肯定与信任、尊重与敬仰等"。教育社会学研究表明，教师职业声望的高低，直接关系到社会对教育工作的重视程度，直接关系到社会对教师职业的尊重程度，直接关系到教育工作对社会人类的吸引力强弱，直接关系到人们是否选择从事教师职业的意愿。既然教师的职业声望影响着教师的社会地位，那么我们也可以说教师社会地位的高低即教师职业声望高低的评价指标。目前，我国教师的职业声望和社会地位还相对较低，对于形成持久稳定的、科学正向的教师信念有一定的消极影响。

2. 学校文化

学校是一种相对较为特殊的社会组织，所形成的独特的文化特征称之为学校文化。赫克曼认为"学校文化是教师、学生和校长所持有的共同信念，这些信念支配着他们的行为方式"[①]。学校文化隐藏在学校的各个系统中，常常以"引领者"和"组织者"的角色出现，在学校这个特定的场域中，它是在学校主体间共同工作、解决问题和面对挑战的过程中所达成的共同的价值标准、信仰与传统。

学校文化是学校群体成员秉持的价值取向和做事方式的统一体，它决定着教师的所思与所为，是教师信念的重要来源和价值基础。程雯等学者通过对某中学学校文化现状的呈现及其与教师信念关系的剖析，发现学校文化是影响教师信念的主要因素之一，是涵养教师信念的母体。教师信念的革新关键在于学校文化的重建，而

---

① 赵中建主编《学校文化》，华东师范大学出版社，2004，第72页。

塑造合作型的学校文化是催生积极教师信念的重要路径之一。[①]

作为学校文化主体之一，教师与学校文化，既有融合又有冲突。融合表现在教师融入学校主流文化时观察吸纳到的被学校文化所认可的观念与行为，体现出学校主体间个体的价值观；冲突表现在教师个体的文化与学校普适文化之间的差异与不同。教师进入学校场域，学校文化会以强有力的但又微妙的方式影响着教师信念，并以学校特有的群体反应方式改变教师行为和日常生活。

3. 培养体系与培训机制

教师培养是指专门教育机构为各级各类学校教师的补充更新而进行的一种专业性学历教育，属于教师职前教育。教师是一种专业性很强的社会职业，教育活动有其独特的规律，只有经过严格培养和专门训练的人才能胜任。同时，教师承担着教书育人，培养合格人才，提高民族素质的使命，在培养、造就人才的活动中，起着十分重要的作用。教师的信念系统在培养的过程中已经生成，师资培训的目的在于扩充和更新教师的信念系统。师范学生在接受师资培训初期，对教学理念、课程等都或多或少存在不正确、不切实际或比较单纯的概念。师资培训对教师信念的影响程度是因人而异的，教师先前所固有的学习经验等都影响师资培训对教师信念的作用程度。

作为县进修校专任教师，刘老师平时和中小学教师接触密切，感触也颇多："新一轮基础课程改革中着重强调教师的专业发展，

---

① 程雯、谢翌、李斌、周小华：《学校文化：涵养教师信念的母体》，《教育科学研究》2017 年第 4 期。

由于经济水平和资讯的不发达，教师专业发展特别是村级或乡镇学校的教师要达到专业的水平，还有很长的一段路要走。我在县进修校工作已经八年了，也接触到不少从乡镇上来培训或是进修的教师，我们也尽可能地把最新的教育教学信息传递给他们，教师们当时也觉得很新奇，也很感兴趣。但是回到学校以后，又是按照以前较为陈旧的教学模式进行教学。我认为造成这种现象的原因是多方面的，主要是因为来进修校学习的教师都是工作过很多年的，年纪比较大，学历比较低，基础比较薄弱，接受速度相对就要慢很多，对于很多新的教学模式教学手段不了解也不想了解，因为他们相信他们平时所用的教学方式就是最好的，最适合学生的，对于新的教学方法还有一定的排斥心理。我和中小学教师的教学对象不同，他们所面对的是学生，而我的学生就是这些中小学教师，他们习惯问学生问题，学生回答不出来他还很生气，可是一到自己转变成学生的时候，态度就发生了根本性的转变，也就和真正的学生一样，沉默不语。我就尽量用多样的教学方法和教学模式使课堂能够互动起来，气氛也相对会轻松一些，可是不管我怎么努力，教师们还是沉默不语。开始的时候我很生气，下课以后我就一直在找自己的不足，后来我发现如果在课堂教学中能多考虑教师们的感受，多替他们着想，从他们的思维方式出发思考问题，教学实践活动就进行得顺利多了。因为教学对象的不同，教师面对的是少不更事的学生，他们所采用的教学方式更多的是依据课本、教材对学生进行知识传授。而进修校所面对的是教师，所以我采用的授课方式主要是以案例教学和理论相结合，使教师们在掌握基础理论的同时，能结合各种各样的案例来学习；或者我也会让教师们在观看完典型教学案例之后进行讨论，看看自己和那些优秀教师在利用教学方法教学手段上有什么样的差距，使教师们在不知不觉中反思到自己教学的不足。而在平时的休息时间里，我也经常和教师们交流，想了解基层学校的教学情况。在交谈过程中，我发现我们的教师因为受到地理环境和文化的影响，教学观念相对而言是比较陈旧的，不了解合作学习、反思性教学等较新的教学理论。所以在给教师们讲授教育学和心理学课程的时候都需要从最基础的理论开始。这样我的教学进程也受到一定影响。"

对于教师信念与专业发展问题，被访者也有自己的看法："我觉得县城里面的教师还是有很多机会到外地进修或是培训，可是在乡镇上的教师就没有这么好的条件了。本来乡镇学校的信息通信就不是很发达，教师接受新的教学思想教学体系的机会很少，所以在乡镇学校教师还是老一套教学方法，对于自身素质的提高也不是很在意。乡镇学校的教师与县城学校的教师相比较，专业发展的意识不强，没有提高自身专业发展的要求，加上经济文化决定了教师的专业发展，外部各种条件也不是很好，这些都阻碍了教师们的专业发展。"

（二）教师信念的内隐影响因素分析

从事物发展的内在动力和外在动力的辩证关系看，内因始终是重要而根本的因素，是相对稳定的、具有持久作用的因素。教育本身是一项创造性的复杂劳动，没有对教师主体自身价值的追求，没有自觉的醒悟，就不会产生内驱力去支持教师完成这一复杂而有意义的过程。特定的社会文化环境和人们的个人生活经验，总是无意识或有意识地使其形成各具特点的思想观点和信念系统，从而影响和指导人们的行为方式。在教育教学实践活动中，基于自身信念系统以及对教育教学的理解和看法，教师信念常常内隐于教学方式和教学行为之中，虽不能直接接触，但却无时无刻不在影响着教师的教育教学实践活动。

1. 教师对教育的认识与理解

古语云，"三人行，必有我师焉""国将兴，必贵师而重傅""师者，人之模范也""一日为师，终身为父""人有三尊，君父师是也"。"程门立雪""张良拜师""子贡尊师"等故事代代相传，充分体现了中华民族"尊师"的道德观念。《后汉书》也提道："臣闻明王圣主，莫不尊师贵道。"

尊师重道是中华民族传统美德，古往今来，代代相传。顾名思义，尊师是尊重师长，重道是指教师重视自己的教育事业。我国传统文化中将学问知识分为"道""经""术"三个层次。"道"是最高的学问；"经"是对"道"的阐述；"术"是实践"道"的手段和方法。古代所有学派都把"道"作为最大的学问，最终的追求目标。孔子说："朝闻道，夕死可矣。"

但随着时代的发展和社会的变迁，尊师重道的优良传统面临着新的机遇与挑战。教师教学任务日趋繁重，很难兼顾教学效能与自身发展双双提升。教师从事教育工作，需要具备专业的学科知识与教学能力，更需要的是树立正确而坚定的教育信念与态度，这是教师专业发展的基石与动力。张国栋则指出，现代新型的教师通过学习，在适应当下的社会规范和行为准则的标准下，还需设想与展望社会的发展与变革；通过学习，不断提高专业知能，更要在教育教学实践与社会文化变革中坚定理想与信念；通过学习，具备科学判断与选择适宜的教育理论和教研范式。[①]

从水平维度分析，教师的教育认识分为理性认识和感性认识，从本质维度分析，教师的教育认识可分为科学与价值认识两类。教师的科学认识是指教师对教育本质与内涵、教育规律与发展、教育在个体与社会文化发展中的作用等问题的理解与把握；教师的价值认识则是将教育的本质与自身需求联系起来，是教师对自身教育劳动与自身需求满足程度的认识，是教师对看法和观点与教育系统相吻合的认识。不管是感性认识还是理性认识，不管是科学认识还是价值认识，教师对教育的认识都直接影响着教师信念的科学性、稳定性和持久性。

2. 教师角色

詹姆斯等人在《教师能力标准：面对面、在线及混合情境》一书中提道：一名教师要同时扮演多种角色。传统的教师角色包括教学实践活动的领导者、设计者、组织者、榜样者、安排者、指导者和评价者，面对学生的咨询者、建议者、责任人。同时，教师还肩负着对同侪的责任、对组织的责任、对社会的责任以及对职业的责任。

与此同时，在多元角色共存的教学文化环境下，教师对专业发展和自我成长有着积极的预设与期望。教师角色期望，外界层面是国家、民族和社会以及学生对教师职业形象与行为模式的期待与希冀，内部因素是教师自身盼望和憧憬自己应具备的教育信念及行为模式。

---

① 张国栋：《教学研究与教师信念的关系》，《黄冈师范学院学报》2008 年第 4 期。

教师遵循合理适宜的社会角色期望进行信念建构与行为实践，会获得来自他人、社会的积极评价与肯定，其内心需求会获得满足，能得到成就感和荣誉感。情感的获得与满足，有利于教师更好地发展正确而坚定的教育信念，使教师的信念与行为同时得到双赢，反之亦然。基于此，教师的角色期望也成为影响教师信念的重要因素之一。

3. 教师个人生活经历

教师个人生活经历包括教师入职前的学习、生活、教育经验以及入职后的工作经历。罗茨等学者发现早期信念一旦形成便很难改变。早期信念会成为个体成长的内驱力。教师信念的基础大多是在其学生时代就已经建立，也就是罗瑞蒂提出的"初学观察期"；弗里曼在罗瑞蒂理念的基础上进行研究，发现教师"初学观察期"所理解的教育规律与原则、所掌握的教学方法与评价将会完整地运用到教育教学实践活动中。中国的古语"三岁看大，七岁看老""江山易改，秉性难移"也都是这个道理。所以教师所处的社会文化背景、生活经验、学习历程、认知结构等共同影响着教师信念的建立。

此外，教师的教育教学实习项目对教师信念的发展也有着一定的影响与作用。美国专家在研究中发现，教师的实习经验以及合作团队对于教师的初步社会化、教师信念的形成与稳定都具有最有力的影响。克里奇也支持与有经验的教师一起工作将会帮助实习教师形成自己的教育信念的观点。

一位高中教师在他的个人生活史记录中写道：我的教学信念是怎样形成的呢？是哪些人帮助我形成的呢？我经常问自己，经常反思。到后来，我越来越相信肯定有一段幕后的经历促使我形成了自己的教学思想。

其实，教师的信念系统中总会留下个人生活经历的道道痕迹。比如说，教师对教师角色的理解，有来自家庭祖辈的职业传承与延续，有来自学生时代对教师的敬仰与崇拜，有来自社会文化环境对教师职业的尊重与期待，有来自与他人交流中所获得的启示与感悟，有来自所学专业的认同与喜爱，有来自教育实习中同伴互助的快乐与喜悦，有来自教育教学实践的收获与成就，等等。这些痕迹，都会成为教师信念形成的主要来源。

我们知道，人类的满足感包括物质与精神两方面。当人们选择职业时，除了会考虑职业所带来的物质需要和成就感，同时也会衡量这份职业是否能开发自己的潜能与创造力，在专业方面得到发展，为事业贡献自己的力量。教育的历史和发展规律告诉我们，教师在教育教学实践活动中，通过教育信念的驱动，理解科学的教育理念，掌握适宜的教学方法，担负传承和创新人类文化知识、培养社会需要的年轻一代等重要历史使命。同时，教师也希望在培养过程中，不断反思创新，不断改进更新，实现专业发展和自我成长。这也是教师人生价值的最高目标和体现。

能否在劳动过程中使自己的潜能充分开发，进行创造，从而在事业等方面获得进一步的发展，是人们选择职业时考虑的重要因素之一，并不仅仅是为了获得物质需要和成就感等精神需要的满足。一般来说，教师都希望自己能够在教育劳动过程中得到进一步的发展，以使自己能够通过创造性劳动为社会培养年轻一代，这也是教师人生价值的最高体现。当由于种种原因使一个人觉得从事教育事业不能满足自我发展需要时，他就可能不会选择教师职业。

　　付老师是一位从教二十八年的小学语文教师。对于个人生活经历对教师专业发展的影响，他也有自己的看法，他说："我是1974年踏上教育之路的。最开始是在一师一校的村级小学教学。说句实在话，当时成为教师主要是为了生存，教师有固定收入，比起在家务农要好得多。但是后来，我的想法慢慢改变了，看到当地文化的落后情况，我知道只有通过教育，才能让孩子们学到知识和技能以及科学技术，才能改变当时本县经济文化较为落后的面貌。

　　"我刚刚开始工作的时候，由于本地区的经济比较落后，民众比较贫困，加上思想又很保守，许多民众都不太愿意让自家孩子读书，认为读书会给本来就贫困的家里增添不必要的负担，而情愿让儿童回家种地创收。但是上级部门对每个学区、每个学校的入学巩固率和升学率有一个硬性的规定，教师必须完成任务。为了完成任务，我不得不利用课余时间经常去学生家里家访，说服家长让孩子来读书。在这种情况下，当时的我根本没有时间和精力来提升自己的专业水平。再加上学校地处偏僻，特别是在一师一校的村校工作期间，我很少有机会能与其他学校的教师交流教学经验，也很少有机会到县城来参加职后培训和进修。当时只是把教书当作是一种能养活自己的职业，还没能认识到教师作为一种专业的必要性，更谈不上专业发展。当时我最大的愿望就是有机会多走出来学习先进地区的教学方法，多走出来相互交流以便提升自己的内在修养。不是有句老话说：要想给学生一碗水，教师就得有一桶水。我认为只有自己的素质提高了，学生们的素质才会有质的改变。

　　"后来我调到乡教委，负责全乡的小学语文教育工作。因为之前自己对乡村教师的体会十分深刻，所以就想尽一切办法让后面的新教师不走我的老路。我们乡教委经过讨论，决定在每学期开学之前利用一周左右的时间，邀请本乡有经验、有理论的教师对全乡其他教师进行指导；也提供各种机会让教师们相互交流教学经验，在交流和实践中大家都得到了提高。全乡教师认为这种短期培训形式新颖，还能与时俱进，效果不错。"

4. 教师自我反思

教师专业发展是一个"不断实践—反思—实践"循环反复的过程。在这个过程中，反思作为中介和桥梁，对于教师专业发展和自我成长各阶段各环节，起着重要的作用。在反思过程中，教师需要以寻找作为实践的假定目标和终结点。反思中的假设和标准，是教师对个体所持有的关于世界、社会和自身观念和看法。如果假定是符合时代发展和社会需要的，那么教师所进行的实践活动即是正确的合理的，所形成的教育信念也是正向的；如果假定与时代发展和社会需要相背离，那么教师所进行的实践活动即是否定的、荒谬的，所形成的教育信念就是消极的。在社会的变革和时代的迭替中，教师要与时俱进，吸纳先进的理念与方法，不断审视检验原有的教育信念，不断反思调整信念系统的合理性与科学性。

在教育中，教学的改革、课程的变化、教学目标的设定与内容的选择、实施方法与评价标准的践行以及教学资源的创新与更新，都是通过教师的教学实践活动来实现的。教师在教学教育实践活动中，根据教学效果不断回顾与反思，发掘并质疑隐藏在实践行为背后的教学假设、教育信念是否正确合理，从而对自身教育教学假设有更为深刻清晰的认识与理解。教师正确而坚定的教育信念，与其教学行为渐趋一致，才能达到教育教学的更新与完善。

　　在教育教学实践活动中，教师要通过实践行为进行深思与审视，不断完善自身教育信念系统，不断调试教学行为，在揭示和验证教育教学中的各种假设，在批评与调整教育信念的同时，秉持正确而坚定的信念，以创建更高效更和谐的教育教学生态系统。

第四章　教师信念的生成机制探析

"无论有关教学和教育的指示如何详细，它们永远不能弥补教师信念的不足。……对人进行教育的最主要途径就是培养教育信念。任何教学大纲，任何教学方法，不管它是多么完善，但如果不能变为教育者的信念，那就只能成为教育者的一纸空文，而在实际上不能起任何作用。在这件事情上，甚至连最警惕的监督也不会见效。一个教育者永远不可能成为教育指示的盲目的执行者；教育指示不经过个人信念的加温，就不可能具有任何力量。"

——乌申斯基

一、教师信念的引领机制

（一）教师的人生历程引领教师信念的正向发展

1. 个人生活史对教师信念形成的影响

随着社会文化学和人类学的研究范式的创新与融合，教育领域的研究方法更多地将量化研究与质性研究相结合。量化研究的数据分析发现问题并支撑策略，行动研究、叙事研究、案例研究、田野研究等质性研究方法越来越广泛地运用在教育研究各环节中。而作为质性研究重要组成部分的教师个人生活史研究也受到越来越多研究者的关注和兴趣，成为教育研究的重要领域之一。

教师个人生活史研究兴起于欧美。奥地利著名教育家古德逊研究发现，教师个人的生活背景与已有经历以及在此基础上形成的个体文化影响着教师信念与行为的产生与发展，教师所拥有的经验系统和认知结构成为支配其思想观点与行为的影响因子，并不断地作用于后续经验与认知的选择与重组上。梅森将研究聚焦在教师专业素养质变和重组的个人经历类型。他发现，并不是个体的生活背景以及已有的经历都会促进教师认知结构的构建和教育信念的发展，只有对教师个体产生影响的重要事件才能刺激教师重构新的认知结构、教育信念和行为。

21世纪以来，国内专家学者也开始关注教师个人生活史与教师专业发展之间的关系。易凌云、庞丽娟认为，个人生活史是教师自我成长的内在机制之一，是促进教师专业发展的动力因素，教师的生活经历不仅影响着教师信念的形成与转变，而且制约着教师教育教学行为的提升与完善。[①]

在已有的研究案例中，研究者多使用深度访谈、个人传记等质性研究方法收集整理素材，从中寻找教师自我成长的轨迹，探寻个人生活史、个人生活背景与经历对其专业发展的影响。研究的主题集中在探寻教师个人生活史与教育教学观念的关系、探寻教师职前培养经历与专业认同对其专业成长的影响以及职后经历对教师自我

---

① 易凌云、庞丽娟：《论教师个人教育观念与社会倡导教育理论的关系》，《教育理论与实践》2005第15期。

成长的动力。研究者发现，通过个人生活史的研究，一方面，可以使研究者对教师专业发展的连续性有较为全面的了解和把握；另一方面，可以使教师在回顾中充分意识到已有经历对专业发展和自我成长的重要意义，激励教师在面对工作和生活中所遇到的各种困境与挑战时，能坚定地探索和追寻个人专业发展的目标与方向。

顾名思义，个人生活史是一个"历史"的概念，是已经发生过的事件，涉及教师人生的阶段性与时效性。教师自我成长的个人生活史包括家庭教育以及学校教育、社会的尊重与期待、职前培养与专业认同、入职适应与瓶颈突破、教学的成功与失败、婚姻家庭的影响与支持等。这些经历，既有来自家庭长辈的职业传承与延续、对教师的敬仰与崇拜，又有来自社会文化的尊重与期待、与他人交流的启示与感悟，还有来自所学专业的认同与喜爱、教育实习中同伴互助的快乐与喜悦，更有来自教育教学实践的收获与成就，等等。这些痕迹，是每位教师都会经历的，也是教师专业发展自我成长的阶梯。在同样的环境下，不同的心境不同的认知，对每位教师来说都是独特的体验，而具备独特性的教师个人生活史也隐藏在教师文化系统中，深深地影响着教师的教育信念与行为。

教师个人生活史，是在一定的社会文化历史情境中，教师对自己生活和工作中所发生的难以忘怀的关键事件或重要他人进行回顾和描述，是教师在个人生活和教育教学实践活动中的体验与感悟。一般而言，教师在回顾描述自己曾经经历的事件时，都要经历"事件（情境）唤醒—语言再现—意义建构"三个阶段。事件唤醒、语言再现是教师个体根据教育信念价值取向与专业发展需要进行的有意识地选择和价值澄清的过程，而意义建构阶段，则是教师运用所学的教育理论来判断情境和解释情境中的语言，重构教育信念系统。

关键事件，一般来源于个人生活史的特殊或重大经验，是教师日常生活、课堂教学、研究实践中曾经发生或正在发生的事件，是真实存在的、具有情境性和独特感受的事件。教师的体验和感悟反映出教师对此事件的情感、态度、价值观，是教师对教育理论理解的反馈。关键事件可以建构新的认知结构，刺激新的行为发生，是促进教师实践性知识更新与重构的重要驱动力，因受个人主观感受的诠释与理解，引导教师个人价值取向与信念，进而深远的影响教师的专业发展与自我成长。

重要他人，是指在教师成长过程中遇到的，与其建立相互作用关系，通过言语或行为给予其重要影响的人，甚至被当作角色模仿的人。同事、学校领导或社会地位较高的人、权威人物、朋友等都可能充当重要他人。

个人生活史是个人回溯记录的重要表征形式之一，它所叙述的是教师个体生活的成长史，反映的是教师对教育原理的认识与理解，对教育理想信念的形成与发展，对教育教学行为的把控与调适。教师个人生活史，反映的是教师个体完整的或部分的生活与工作，是被他人或他事所激发出来而形成的。诺尔斯曾说过，教师个人生活史是反映教师在学习和教学实践活动中，教师个人经验受到认知结构、角色榜样、社会文化环境等因素影响形成的。所以，研究教师专业发展，需要了解教师关于教育的哲学立场、文化态度、课程与教学的取向以及其他一切有关教学的信息，这都是个人生活史要重点探讨的问题。

自传是教师记录个人生活史的重要方式之一。教师以自己的生命历程为背景，描述事件，观察世界，不断更新自己的认知结构，解构和重构自己的信念系统，指导和提升自己的教学行为方式，在自己的生活经历中逐渐形成独特的教育风格。

教师个人生活史的撰写过程，也是其对自身发展历程的总结与反思。在反思过程中，教师对自身行为加以检验，自身情感价值观加以审视，对已经发生过的关键事件和关键行为进行定义，重新调整个体心智结构，完善信念系统，改变教育行为。教师所撰写的个人生活史，因其叙事的方式、对象、语言等要素，较之传统教育理论文章，更贴近生活更接近现实，更能引起读者的共鸣；同时，也能帮助教师进行自我反思，不断革新，提升能力，实现发展。

个人生活史是教师专业实践知识形成的重要来源，是教师反思与自主发展的重要手段，通过教师对自己专业成长的回顾，发现教师自身的人格和认知特性、知识结构、形成个人专业成长的转折点和决定性影响、个人常用的教学方法、教学成功案例和教学诀窍。教师成长生活史分析，有利于考察教师成长过程中个人知识管理的方式，为其他教师成长提供可资借鉴和观摩的经验来源。

教师个人生活分析史的目的不仅仅是塑造一个自以为真实的自我形象供他人瞻仰、评判，而是"以笔作解剖刀，将自我搬上手术台，把自传作为认识自我、探索人性的手段"[①]。教师个人生活史是反映教师在学习、教育过程中，其人生追求与教育信念、知识偏好以及教育的立场和观点等是如何影响教师个人经验形成的。因此，关于教育的哲学立场、关于学科、课堂管理、课程取向、课堂内外的活动以及其他一切教与学的问题都是个人生活史需要重点检讨的

---

① 菲力浦·勒热讷：《自传契约》，杨国政译，生活·读书·新知三联书店，2001，（译者序）第1—9页。

对象，而通过检讨，我们得以触摸到教师成长过程中自身知识管理的方式，正是因为个人知识管理方式的不同才造就了教师间彼此发展的差异。在此，我们可以通过优秀教师成长过程的考察，窥见其良好的个人知识管理方式。

职业理想即职业志向与抱负，是教师从事教育工作所应有的合理的想象或希望。心理学研究表明，一个人的职业理想深深地影响着一个人对未来的憧憬和努力方向。[①] 职业理想是人内在的动力，是人体内部的发动机。作为教师只有具备了良好的职业理想，才会产生发自内心的强大动力，从而努力工作，勤奋探索，做出一流的业绩，取得最佳的绩效，成为真正的优秀教师。事实上，教师表现出的对所从事工作的兴趣和热情、孜孜以求的工作态度和持之以恒、不断求索的工作志趣是促进教师主动获取知识、及时更新教育理念的重要动力。

2. 教师信念与知识

经济合作与发展组织将知识分为四种，即事实性知识、原理性知识、技能性知识、人力性知识。过去比较偏重的是知识的技能、原理性层面，忽视知识的价值、情感层面；偏重知识内容的记忆、掌握，忽视获取、创造知识的方法和思维。而在知识经济时代，我们所需要的正是那些具有整合、批判、创造性思维的人。

前面提到，教师的知识结构具有双学科性，由学科知识和教育知识组成。而对教师信念影响最深的便是研究如何形成人的知、

---

① 　王颖：《影响名师发展的自身因素剖析》，《天津师范大学学报（基础教育版）》2005 年第 3 期。

情、意的人文知识。这种人文知识是和人的精神世界紧密相连的，其中充满着人的自主性、主观性和自为性，这使得教育科学具有浓厚的人文性。因为具有人文性，所以更需要体验、理解，对教育的理解在实践中与情感融通，最终升华为教育信念。教育信念比识记的教育学名词、概念更能够无缝隙地作用于教育实践。具有人文性的教育科学凝结在单个教师心中的表现形态就是对教育本真内涵的理解和体会，是一种理念形态，而不是操作技术的形态。教师职业实践性知识是直接影响教育活动的，是教育科学的现实形态；教育科学要以教师职业实践性知识为中介才能走向实践。

事实上，教师"任何的信仰都是建立在一定的知识基础上的"[①]。知识获得的主要途径之一就是阅读书籍。对于教师来说，要构建合理的认知结构，形成正确而坚定的教育信念，需要阅读古今中外的教育经典名著名言。经典名著名言是经过历史的筛选和沉淀所流传下来的哲理与文化，名著中的阐释、名言的启示，使教师不仅能体验和感悟作者赋予教育事业崇高的理想和信念，还能不断反思与调整自身教育信念系统的结构与取向。

3. 教师信念与情感

使新手成为优秀教师的，不是他们的知识和方法，而是教师对学生、自己、教学目的、意图和任务所持有的信念。[②] 我为什么要做一名教师？我怎样做一名教师？我如何才能成为一名优秀的教师？个体的职业选择本身就表征了他的人生信念，因为职业是个体

---

① 石中英：《教育信仰与教育生活》，《清华大学教育研究》2000 第 2 期。

② Arthur W. Combs, "New Assumptions for Educational Reform," *Educational Leadership* 45, No. 5 (1988): 38—40.

人生信念实现的基本路径。

　　教师个体在与社会文化及与他人的交往过程中，在教育教学实践活动中不断理解、检验有关教育的本质与内涵，教育的理想与信念，教育与个人、教育与社会文化关系的个性化的知识体系，就是教育信念。

　　特级教师魏书生正是在"我要成为一名教师"信念的推动下，六年提出一百五十多次志愿当教师的申请——"为着有一天实现自己美好愿望的时候，把教师工作做得好一些，我日复一日、年复一年地钻研有关教育的知识，常弄到食不甘味、寝不安席的地步。有时身患重病，也还是不愿间断，为此度过的不眠之夜是难以数计的。

　　"两千多天中，我向各级领导恳切地提出做教师的申请至少有一百五十次之多。书面申请也有四次。几乎每一个同志，特别是朋友和亲人，都耳闻目睹到我对教育火一样的热情，对学生源自内心的关心。"①

　　魏书生还提道："我觉得能为这个世界多培育出一个好人，或者能让心理矛盾的人多一点真善美的品质，那就是一种贡献，就算是不枉此生。"魏书生把从事教育事业当作一种人生追求和目标，正是在对教师职业的热爱这一执着信念的支撑下，克服一切困难，如饥似渴地学习哲学、教育学、心理学、管理学、经济学等，把这些知识恰到好处地应用到实践中去，取得了惊人的教学业绩和众多的教育科研成果。同时，在长期的教学实践中，他不仅拥有了自己

---

　　① 《辽宁教育》编辑部编《年轻的教育改革家——魏书生》，辽宁教育出版社，1984，第124—125页。

的教学风格，成为功底深厚、方法独到、风格鲜明的"教学艺术家"，而且具备了深刻的专业见解，形成了比较成熟的个人教学思想，成长为专家型教师。

邱学华老师谈到教学信念时说，他在教学实践活动中遇到阻碍和困难时，在构建一种复杂的教学理论时，经常问自己："我行吗？"有时也会胆怯，但是有一股力量鼓励着他，这就是为祖国的教育理论走一条创新之路。在回首往事时，邱学华老师说，虽饱经风风雨雨，尝尽甜酸苦辣，有幸的是不管道路多么曲折，他都没有离开他所热爱的小学数学教育事业。成功的奥秘就是"热爱＋理想＋勤奋"。首先要热爱自己的事业，一个人连自己的事业都不爱，当然不会成功。其次，要有志气，对自己充满信心，立下远大的志向，为国家为人民干一番事业，如果安于现状，不求上进，天天混日子，也不可能有成功。再次，要勤奋工作，远大目标必须靠一步一个脚印向前走，才能接近，才能到达。千里之行始于足下，空谈是永远得不到成功的。①

刘炳生老师认为，光有一定的业务水平，就算是较高的业务水平，如果不从心眼里爱学生、爱教育事业，也不能搞好教育工作。

爱是什么？爱是对人和事物很深的感情。爱是一种热情，一种自我牺牲的依恋的道德情感。没有真诚的爱，就不会有真正的教育。②

王良田老师认为，情感是催化剂，是行为的动因，它能点燃追

---

① 柳斌主编《中国著名特级教师教学思想录（下卷）》，江苏教育出版社，2000，第18—22页。

② 同上书，第69页。

求的欲火，唤起学生对学科、事业的爱心。[①]

通过优秀教师的个人生活史可以看出，教师信念是教师按照自己确认并信奉的有关自然、社会文化、个人和教育教学等方面的思想、观点和假设，是教师内在的精神状态、深刻的存在维度和开展教学实践活动的内心导向，它是教师专业素质的核心要素之一。[②]

教师信念不仅仅是教师个体关于教育教学实践活动的理性认知结构和经验系统，还包含着教师个体对教育教学实践活动的情感体验和感悟。在理性认知结构和经验系统里，存在着感性认识的动力性与方向性。教师信念是教师个体发展的动力之源和精神支柱，是教师倍感幸福的根源，是教师之所以为教师的意义所在。教师信念，决定教师个体的需求以及满足程度，指引教师教育教学实践活动的目的与方向，促进教师在特定的社会文化环境中不断发展变化，引领教师感受生命的价值与意义，实现自我成长。

所谓"教育爱"，是指教师对教育事业、学生和自我的尊重、关爱、信任与平等的态度。一般而言，教育是以关怀青年一代的成长为目的的，是以维系和繁衍人类的文化生命为己任的，因此，教育是最讲情感体验，最讲"教育爱"的。教育的这种本质属性也规定了教育爱所具有的无私性、无差等性和恒常性等基本特征。无私性就意味着它是一种真正的不求索取的全身心的投入；所谓无差等性，就意味着这种爱是面向全体学生和与人的发展、与教育有关的全部事务的，它突出地表现为一种有教无类的爱，不管学生的天资、学

---

① 柳斌主编《中国著名特级教师教学思想录（下卷）》，江苏教育出版社，2000，第 108 页。

② 赵昌木：《论教师信念》，《当代教育科学》2004 第 9 期。

业、家庭背景如何,都以学生原有的起点为起点,帮助他们成人和成才;至于恒常性,就是指这种爱既伴随教育者的全部职业生涯,也伴随着受教育者的全部学习过程。

在人的发展中,认知领域与情感领域是共同存在的领域。人们往往关注教师的认知发展水平而忽略了情感发展水平,造成教师发展的不均衡。教师在教育教学中最重要的便是对教育事业的热爱,没有热爱,就谈不上对专业的认同与信念的指引,就只能成为教学的机器而不是教学实践活动中不断发展变化的主体。

对教师专业发展和自我成长而言,教师认知与情感领域的发展均衡性是相辅相成的,教师的情感人格特点越丰富,对教育教学作用越大。高素质教师应该是高知识水平和高情感水平相一致的人。

情感决定了信念的保持或改变。皮亚杰认为认知与情感是不可分割的。他认为,情感包括兴趣、动机和感情并经常驱动智力活动;智力活动的诱因总是情感,因为它决定了活动的价值取向与方向性。帕特里克和米歇尔认为情感是人们用来理解周围世界的方式并告诉自身是否需要改变。[1] 同理,教师情感是教师认知和发展的动力,也是教师信念形成与完善的重要基础。

(二) 教师的教学历程引领教师信念的正向发展

1. 教师信念与课堂实践

尤里奇认为教学实践活动在教师预设课程目标与学生学习之间

---

[1] James Raths and Amy Raths McAninch, *Teacher Beliefs and Classroom Performance: The Impact of Teacher Education* (NC: Information Age Publishing, 2003), pp. 99—121.

发挥着中介的作用。在教学过程中，教师设定课程目标，选择课程内容，采用适宜的教学方法组织实施课程教学，并对此进行评价。教师依据个人生活与教学经历、教育理想与信念，综合教师个性及情感特征，在教学过程中及时判断并适时调整。在一定程度上，教师行为是教师个体经历的投射，在教师个人的信念体系通过付诸教学实践的理念或原则的教学方法体现出来。

伍兹在行动研究中发现，教师对于课堂实践的理解程度直接影响着教师有意义地参与到教育教学实践活动的效果。教师在教育教学实践活动中不断发展和完善的教育信念与已有信念和经验之间的交互作用形成符合教育教学实践活动又符合自己需求的个人信念体系，形成正确而又坚定的教育信念。

阿玛瑞扎认为教师信念体系可以支配教育教学实践活动，是课堂实施与决策的依据，是教师教学行为的导向。

2. 教师信念与教学反思

"密涅瓦的猫头鹰"是来自古罗马的神话故事。"密涅瓦"对应古希腊神话中的智慧女神雅典娜，栖落在她身边的猫头鹰则是思想和理性的象征。密涅瓦的猫头鹰在薄暮降临的时候才悄然起飞，黑格尔以此来比喻思考是一种"反思"活动，是一种沉思的理性。

黑格尔认为反思是"对认识的再认识""对思想的再思想"，是思想以自身为对象反过来认识思考的过程。在此基础上，黑格尔认为反思必须是深沉的、冷静的、寂寞的、持久的。他曾经说过："现实上很高的利益和为了这些利益而作的斗争，曾经大大地占据了精神上一切的能力和力量以及外在的手段，因而使得人们没有自由的心情去理会那较高的内心生活和较纯洁的精神活动……因为世界精神太忙碌于现实，所以它不能转向内心，回复到自身。"

教师自身的成长过程也需要研究，特别需要教师自己研究自己。过去的教师处在被研究者的地位，现在教师要成为研究者，把自己作为研究的对象，研究自己的教育理念和实践，反思自己的教育实践，反思自己的教育观念、教育行为及教育效果，以便对自己的教育观念进行及时的调整，从而增强自己的教学效果。因此，教师必须成为一个积极的、有意识的、有反思实践能力的研究者。有人甚至这样强调反思的作用：教师的成长＝实践＋反思。

传统的教学多以教师自己有限的经验进行简单重复性的实践活动，现代教育观提倡教师的多元角色，教师运用行动研究，不断反思、探索与解决自身以及教育教学实践活动中各方面的问题与困难，将"有效教学"与"终身学习"结合起来，努力提升教学实践合理性，实现教师专业发展。在教师的反思过程中，教师信念是教学反思的结果，其中，教学理论的建构是教师信念的核心内容。一般而言，教师的教育教学实践活动会受到"倡导理论"与"运用理论"的影响。"倡导理论"外显于教师意识之外，易于更改且不能对教学行为产生直接影响；"运用理论"潜藏于教师的意识之中，不易改变且对教学行为产生直接影响。两种理论的不协调、不一致，会导致教师信念与教学行为出现失衡与混乱。要想将信念与行为转变为一致，需通过反思性教学实践作为中介桥梁来联结。

熊川武认为，不同的反思性教学模型其本质是"提出问题—探讨研究—解决问题"的过程，当教师察觉已有信念不再适应教育教学实践活动，便可通过内隐的"运用理论"进行自我反思，并有意识地结合外显的"倡导理论"应用到教学实践活动中，以此调整和发展教师信念系统。反思性教学实践作为沟通教师"外显的倡导理论"与"内隐的运用理论"的桥梁，发挥着不可或缺的作用。

教师作为教育教学实践活动的学习者与反思者，其信念是与所处的社会文化环境、教育教学实践过程相互适应、相互融合、相互建构的结果。

理查德和洛克哈德认为教师的信念来源于教师作为学生时的自我经验、教师教学效能感、传统的既定教学方法、个性因素、教育研究原则和教育教学原理。

教师信念受教师所处社会文化环境以及个人经验的影响而不断自我构建，具有独特性和高度个人化的特点。作为实践反思者和行动研究者，教师信念通过其教育教学行为表现，在反思中不断生成完善。同时，教师信念的更新发展不是简单的替换或删除，而是通过不断地反思逐渐完善和更新的过程。所以，教师专业发展不仅仅是教师专业知识与能力的提升，更重要的是教师信念的确立与导向。教师通过反思活动，不仅能回顾自身教育教学行为的优劣，还能分析和思考教育教学行为内隐的教育思想和信念。通过实践反思，教师可以思考采用教学方法的原因及意义，还可以基于教育规律和理论，分析其教育信念和价值观。在反思实践和行动研究的过程中，教师不再是知识的接受者和传递者，变为知识的建构者和行动者，极大地发挥出主体能动性，在教育教学过程中实现专业的可持续发展。

3. 教师信念与教师科研

传统文化和教育理念赋予教师的职责是"传道受业解惑"。教师的角色是固定的、权威的、强制的。在传统教育活动中，教师只需承担社会的责任、满足社会的需求以及传递已有知识，无须研究、创新与改革。随着现代社会发展和文化变革，教育理念也发生了本质性的改变。新时代对教师角色的内涵越来越多元化，教师在不同的教学过程中所扮演的角色各不相同，这就要求教师必须随着教学实践活动的演进而不断地研究和改变，才能实现教学实践活动中师生双赢。

首先，教师信念是其教育科学研究的基础与保障。教师信念表现为教师教学理论在教育教学中的行为呈现，是教师个体对教育教学以及自身成长的理解和体验。只有将教师信念转化为教学行为并通过反思等方式进行科学研究，教师信念才能发挥出特殊的重要的作用；没有教师信念作导向，固化的教学行为、无意识的思考不能促进教师专业发展，都不能称之为科学研究。

新时代的教育发展思想将教师信念和教师科学研究比喻成教师实施有效教学的"两翼"。新时代的教师发展理念认为，在教育教学实践活动中，教师是教学实践活动的引导者、合作者和组织者，学生是教学实践活动的参与者、决策者和实施者，师生双方的角色多元化使教学实践活动更加生动立体。教育理念的更新、课程的变化、教学资源的改革等，都需要通过教师的改变来实现。教师素质的提高、观念的更新、信念的确立是教师科学研究的基础与保障，只有多者合一，才能实现教学与科学研究的有机融合，才能实现教师专业发展和自我成长。

其次，教师信念与教师科学研究之间是相互影响、彼此作用的。教师行为是教师信念的表现形式，是教师科学研究的基础与保障。但教师信念的调整与发展，除了必要的专业职能外，还需要通过科学研究来促进与驱动。教师的科学研究既是对其信念的反映与作用，同时也可以促进教师信念的内化与升华。在教育教学实践活动中，教师对其自身行为内隐的教育观念不断进行反思与分析、领悟与体会，才能使教育观念升华为教师信念。正确而坚定的教育信念又反作用于教师的科学研究，两者相辅相成、相互促进、共同发展。

作为教育教学实践活动和科学研究的主体，教师在实践过程中，应该有意识地激发自我意识，调动思考与探究的积极性，以科学研究的理性思维影响教师信念的正向发展，将所想所思转化为所作所为。新时代的教师，不仅要深入理解教育教学理论，全面掌握学生的动态发展，在此基础上实施适宜学生全面发展的教学范式，同时，还要通过自身科学研究的驱动，教师不断改进行为，不断完善教师信念，不断发展教师专业，实现教师信念与科学研究的有机统一。

再次，教师信念的形成和发展影响教师科学研究的层次与水平。不管是对信念的本体研究，还是对信念与行为之间关系的研究，都是相对比较复杂的过程。在教师专业发展的不同阶段中，教师信念产生发展的演进历程及层次水平也不能同一而论。由于科学研究的探究性、创新性以及艰巨性等特点，当教师粗略地了解某一概念或方法时，仅仅是接受，并非完全理解，就更谈不上内化。这一时期，接受的知识或信息处于"浅显概念"的水平，对教师教学科研行为不会产生直接的影响；教师通过一段时间的系统学习和理解，这一概念或方法渐渐被教师接受，在不断实践的过程中体验感悟并内化为教师的信念系统，从而在教育教学实践活动中对教师的科学研究进行引导与驱动，接受的知识或信息逐渐形成"内隐概念"，以内动力的形式促进教师科学研究能力和水平的提升和改善，最终达到自觉化程度。

最后，教师信念与教师科学研究转变的机制不同。教师信念的转变，主要是通过学习与体悟导致教师个体理念、认知水平和价值观的变化，由教师教学行为呈现出来；教师科学研究的转变，来自教师个体内部的发展需求与外部专业发展环境的共同作用，是能力与水平的提升，通过教学科研成果呈现出来。

教师信念是教师在对教育教学实践活动的认识过程中不断完善的，这个过程离不开科学研究的促动。教师信念的正向与科学性，又会指引教师科学研究的方向，将教学实践与科学研究合而为一，以教促研，以研优教，实现教学和科研水平的共提高同发展，最终实现教师的专业发展和自我成长。

二、教师信念的保障机制

（一）和谐的社会文化生态保障教师信念的正向发展

社会的快速发展，让人们在物质经济与精神文化等方面得到了极大的丰富和满足，但同时，由于发展的不均衡，现代社会面临着日益严重的资源短缺、生态危机等种种困境，在物质文化快速提升的同时也陷入了虚无繁华的怪圈中。社会是一个相互依存以及有着错综复杂联系的大生态圈，教育作为大生态圈中不可或缺的一环，有着重要的作用。而教师，作为教育生态圈的重要组成部分，它的改变、发展和完善，在一定程度上也受到了社会变革的影响。特级教师马明认为，教师影响学生的不仅是所教的某些知识，而且还有他的行为，生活方式，其至对社会的态度。[①]

1. 教师信念与文化生态

美国著名人类学家克拉克认为，"因为在历史和社会科学中，我们认为这个或那个民族的生活方式才是它们的文化"[②]，这种意义的文化已涵盖一切人类生活。生态文化即人类生态系统众多复杂关系和谐的一种生存方式，它追求的是人、人类社会与自然和谐发展的生活方式。整体生态文化作为我们所提倡的一种基本生活方式，它整合生态科学和系统论、协同学、自组织理论等复杂科学理论，以基本的生态整体系统论为方法论基础，遵循系统存在的相异相依、自稳自组、共生相融的规律，"人—社会—自然"就是一个复合的自组织演化的系统整体。同时，生态文化承认自然界自身内在价值，保持人与自然和谐，倡导可持续发展。

教师所处的社会文化生态环境主要是强调教师个体与社会物质、精神和制度文化之间的联系与互动，是指教师个体的教育教学经验、假设和信念与他们所处的社会文化环境、所属的学校文化以及课堂情境之间的联系与互动。

教师生态文化的研究起源于 20 世纪 30 年代的美国，社会学家沃勒在他所著的《教学社会学》（*The Sociology of Teaching*）中首次提出此概念；后由社会学家劳蒂在《学校教师的社会学研究》（*School Teacher：A Socioloqical Study*）一书中将其理论发展完善。进入 21 世纪后，教师生态文化研究领域吸引了更多领域的教

---

① 柳斌主编《中国著名特级教师教学思想录（下卷）》，江苏教育出版社，2000，第 119 页。

② 克拉克·威斯勒：《人与文化》，钱岗南、傅志强译，商务印书馆，2004，第 5 页。

育心理学专家、课堂教学研究专家等学者的参与。

在对教师专业发展的研究过程中，研究者多为关注教师个体的静态研究以及教师专业的本体研究，主要研究成果为专业知识、专业能力方面的提升策略，较少涉猎教师专业发展的文化学研究，如教师专业与生命发展的价值和意义，教师专业与个体成长的导向与作用等方面。教师生态文化的研究在一定程度上弥补了教师教育研究领域的空白，开始将教师作为多元主体放置于动态的关系过程中来认识、理解与研究。

研究者在运用生态文化学的理论和方法对教师专业发展进行系统研究时发现，不论是在学校文化、课堂互动还是在教研共同体、个体研究的情境中，教师信念都是随着外界影响而不断变化的，是一种动态发展的过程，相应的，教师信念的研究，也需放置于关系系统中进行动态研究，以此来帮助我们从本质上理解教师个体知识或行为产生的背景和原因。

教师首先是一个真实的生命体，然后才是被赋予社会责任的专业工作者。只有当教师发自内心地去关注生命、关注社会现实，才能真正意义上实现教师的专业发展和自我成长。教师信念的产生，源于教师个体对教育的认识与理解，而这些理念与心智结构都离不开教师生活的社会文化生态系统。教师的教育、教学实践活动是其生命发展的重要组成部分，在对教师信念进行动态的系统研究时，需要关注到教师的人生价值与人格价值的双重实现，将这两者有机结合，才可能促进和驱动教师信念的正确确立与正向发展，以此激励教师对自身专业发展的需求与意识，鼓舞教师主动实现自我成长。

2. 教师信念与"生活世界"

人类的社会生活从一开始就是相互融合的一个整体，其中的每一个实践领域都具有多重的意义，而这种意义就根植于生活本身。

在原始社会时期，"每一个部落的教育总是被他们所处环境的文化模式和生活模式所制约，无论何处，教育都意味着为个体能有效地生活于特定文化中做准备"①。因此，"凡有人类生存和文化形成的地方，势必有从事创造、传播和继承这种人类文化的教育职能存在"②。

作为推动社会进步人类发展的必要手段，教育教学实践活动不能脱离社会文化及人类生活而孤立存在。从社会发展的本质来看，教育是社会文化体系以及社会生活不可或缺的有机组成部分。

作为现象学的奠基人，胡塞尔认为生活世界本质上是包括人们的一切实际生活并能够体验到的世界，也是其他世界得以生成的起点和源头，是和科学世界、概念世界相对立的、原始的、直观的经验世界，所强调的是人对经验世界的反思、批判。③

维特根斯坦认为，生活形式是人们在特定时代的生活方式，是以一套语言游戏规则为基础的交流活动。④ 生活形式的表现方式就是语言形式，前者强调语言的社会性和习俗性，后者强调语言的多

---

① S·E·佛罗斯特：《西方教育的历史和哲学基础》，吴元训、张俊洪、宋富钢、张宇清译，华夏出版社，1987，第4页。

② 筑波大学教育学研究会：《现代教育学基础》，上海教育出版社，钟启泉译，1986，第14页。

③ 埃德蒙德·胡塞尔：《欧洲科学危机和超验现象学》，张庆熊译，上海译文出版社，1988，第461页。

④ 维特根斯坦：《哲学研究》，汤潮、范光棣译，生活·读书·新知三联书店，1992，第83页。

样性与灵活性，都属于生活世界的组成要素。

哈贝马斯的"交往理性"认为，生活世界是"交往行动者一直在其中运动的场域领域"，是人们在交往活动中达成相互理解所必需的共同的背景知识。① 合理的交往过程的目的是人们获得学习新知识新技能、相互理解与包容、相互合作与协调的过程。交往活动表达着生活世界的内容，生活世界组成交往活动的背景。离开生活世界，交往活动无法进行。

教育是以服务于人、以实现人的某种价值目标为旨趣的活动，是特定社会文化生态系统对自身及人类的需求的实现途径。教育来源于生活，以社会文化作为存在的前提和发展的内容；教育又推动社会文化的发展，教育的能动性与相对独立性可以在一定程度上促使人的物质与精神两个层次的发展，在推动社会文化发展的同时，也不断地进行自我改造。

生活世界理论强调的是人类不能脱离社会文化背景去研究教育，也不能以教育为推手，将教育当作是社会文化发展的唯一作用力。生活世界理论的要义是我们需要把生活作为一切教育认识及其活动的根源和终极意义。新时代对教育所提出的"回归生活"，本质上就是要摆脱外界不良环境和干扰力量的束缚和禁锢，从关注教学效能转而关注生命、关注生活、关注人的全面发展。

在传统的文化制度影响下，教育于生活的价值和意义被固化，教育与生活的关系被模式化。随着历史的不断前行，社会不断发展变革以及文化的传承与创新，人类意识到生活原本就是充满着智慧

① 于·哈贝马斯：《交往行动理论·第二卷——论功能主义理性批判》，洪佩郁、蔺菁译，重庆出版社，1994，第 165 页。

和挑战的机遇与历程，会随着社会文化的变迁而不断变化，教育也随之改变。新时代的来临，教育目标的不断精进，教育对象的不断发展，教育教学实践活动也随之变得具有无限可能性。在教育教学实践活动中，教师注意到教学对象的潜在性与可塑性、独特性与发展性，更加注重对个体全面发展的理解与设计。在互动发展的教学情境下，人的全面发展是具体和现实的，是可以通过教育实现的。教师的崇高理想与信念表现为教师对新时代教育特点与内涵的理解，对教育对象的认知与共情，对教学实践活动的把控与设计，对现实生活的关注。这一切，将带领我们走向更美好的生活境遇。

正如生命不是预设的一样，教学也不能是事先预定好的活动，教师信念在教育教学实践活动和自身发展中不断修正和完善。人类命运共同体的构成，表明教师群体在一定情境下的合作交流、协作讨论、同侪互助等活动是教师信念得以生成的基础。

在生活世界中，个体信念是通过认知与心智结构使主观世界与客观世界、主体与客体、个人与社会文化制度等因素相互影响，并在此基础上不断调整、不断循环、不断超越、不断完善。在教育领域，教师信念是在教育教学实践活动中教师对教育的本质与内涵的理解与践行、教育与社会文化等因素之间的相互转化与影响，并不断将其融入整体、直观的生活世界中。我们知道，教育的终极目标就是追寻智慧、回归生活。对于教育信念与生活世界的联系主要表现在生活世界成为教师信念的价值目标、源头以及基础。

3. 教师信念与社会认同

"认同"在当今社会科学中是一个广而用之的概念。认同研究的兴起主要与 20 世纪 60 年代以来西方发达国家出现的一系列社会运动有关，如女性主义、黑人民权等。这些社会运动又被称为"认同政治"，这也是后现代社会理论的主要议题之一。认同研究的视角主要有两个层面：探讨个人的自我认同与身份归属的关系。[①]

社会认同理论的主要论点是因社会文化制度等各因素渗透与影响，个体在社会分类的基础之上，对所属群体产生认可和归属感，并具备内群体偏好与外群体偏见的特性。当内群体与相关的外群体进行有利比较时，个体的自尊会经过实现或维持积极的社会认同而产生，并在受到不利影响时，不断修正和调整。当个体对所属群体的归属感达到一定程度时，会与其他群体的个体产生差异，容易引起群体间的冲突与矛盾。

组织与个体之间的关系是相互依存，不可分离的。个体的动机以及组织本身的行动能力的基础都是建立在组织对自身存在的意识之上。当一群人认为依据共同的想法和信念将团体组织在一起，并因此增加事情完成的机会时，"组织"便开始形成；而当组织成员意识到自己或者团体是组织的一部分时，"自我的认同"也应运而生。由此可见，个体的自我认同基本上是一种对于组织的价值与特性的内化与认可。

马斯洛人本主义理论中最凸显的论述便是"需要层次说"，特别是马斯洛对于自我实现层次的阐释，将人性中可能具备的所有优秀品质都赋予自我实现者，认为他们是"光辉的榜样"，是"人类最优秀的代表"。[②]

正如世界上没有十全十美的事情，当然也不会有十全十美的个

---

① 吴永红：《分化与整合：全球化时代的社会认同》，《学术论坛》2008 年第 5 期。
② 马斯洛：《马斯洛人本主义哲学》，成明译，九州出版社，2003，第 298 页。

体。当我们不断地通过需要层次不断发展自我时，我们需要考虑的是自我实现者与社会文化认同之间的关系到底如何？是否存在冲突与抵制、适应与接纳？自我实现者是如何处理好自我需要与社会文化认同之间的影响与作用的呢？马斯洛在研究中曾提出自我实现者与他者不同的 19 个特点，而正是这些特点，我们可以了解到，自我实现者追求的是现象生活背后的本质生活，他们所关注和感兴趣的是哲学或伦理学研究中的基本原理和本质内涵，他们具有特立独行的自主性，对于自我认知重要的事情保持高度的热情与兴趣。

教育作为一种制度化存在，一方面，与种群生命和物化文化结合得愈益密切；另一方面，却与个体生命和人化文化愈益疏离。教育发生的前提在于文化认同，在于人类对自身生命和生命创造的认同。进一步说，教育发生的基础在于人类的自我意识的形成。从这个意义上来讲，教育是基于反思性的人类活动而产生的，而人类的这种反思性特征又保证了教育和教育中的文化的完整性。

同时，个体的自我实现也受到了社会文化认同的因素影响和制约。马斯洛曾指出，自我实现者保持自我独特的个性，不拘泥于群体文化的希望与期待、恐惧与焦虑，相信自己的信念体系，通过领悟真实的存在而坚定信仰。[①] 也就是说，当自我实现者所追求的真实存在与社会上文化认同的规范出现矛盾时，个体就不会再遵从这些规范的要求，不会为了迎合多数人的意见而放弃自我，坚定的信念使他们卓尔不群。

众所周知，教师的职业角色形成一般要经过角色认知、角色认

---

① 亚伯拉罕·马斯洛：《动机与人格》，许金声译，中国人民大学出版社，2007，第 162—163 页。

同、角色信念三个阶段。角色信念形成后，教师角色中的社会要求转化为个体需要，这时教师坚信自己对教师职业的认识是正确的，并将其看作自己行为的指南，形成教师职业特有的自尊心和荣誉感。没有形成坚定的角色信念，就不可能产生献身教育、追求卓越的自觉意识，就不会以积极的态度去规划自己的走向，寻求自我成长。

（二）完善的学校文化保障教师信念的正向发展

学校是一种特殊的社会组织，其中的职业团体形成了一种独特的文化特征，即学校文化。学校文化指在一个学校内，经过长期发展积淀而形成的，以校内师生为主体，创造并形成共识的价值观念、办学思想、群体意识、行为规范等构成的价值体系，是一个学校校园精神与氛围的集中体现。赫克曼对于学校文化的理解经常被人引用，他认为"学校文化是教师、学生和校长所持有的共同信念，这些信念支配着他们的行为方式"[①]。在学校里，文化常常扮演着一种"领导者"的角色，它是在人们共同工作、解决问题和面对挑战的过程中形成的标准、价值、信仰和传统。

学校文化从形式上来看，可包括由浅入深、由表及里的不同层次，可分为物质文化（视角文化）、行为文化（学校对师生的言行、举止，待人接物行为等的规范）、制度文化（管理文化或组织文化）、精神文化（是学校通过管理所期望达到的师生员工追求的共同目标愿景、精神境界）等。从内容上来看，学校文化可分为教师文化、学生文化、家长文化、管理文化、课程文化、教学文化、科

---

① 赵中建主编《学校文化》，华东师范大学出版社，2004，第72页。

研文化、校园文化，另外还有班级文化、志愿者文化等。

学校文化既是一种组织文化，又是一种育人文化；既是整合文化，又具有选择性和辐射性。当教师一进入学校，与之发生联系时，也就不可避免地受到学校文化的熏陶和影响。学校文化是学校发展的灵魂，其中教师又是不可或缺的部分。教师的行为方式和价值观念在一定程度上是学校文化的体现，同时，学校文化的发展方向在一定程度上对教师信念的生成与完善起着引领和促进的作用。

教师与学校文化之间有同化也有对抗。同化表现在教师融入学校盛行的主流文化，注意观察和吸纳在这个学校中被认可的做法，而这些做法正是学校价值观的体现。通过这种方式，学校文化潜移默化地塑造着教师的教育信念，支配着教师的日常教学生活。学校文化会以强有力的但又微妙的方式影响着教师信念，并以学校特有的群体反应方式指导教师行为。

三、教师信念的支持机制

(一) 先进的理论基石支持教师信念的正向发展

随着社会文化的发展，教师教育也经历了变革，利用什么理论来指导教师信念的架构，运用什么理论来引领教师的专业发展，一直是教育专家和研究者所考虑和探寻的问题。教师教育研究发展至今，其理论基石主要是从行为主义理论指导转为人本主义理论引领。行为主义的教师教育又称为以能力本位的教师教育或表现本位的教师教育（Performance-Based Teacher Education，简称PBTE），这种理论提出胜任教职为本、操作技能为本的概念，重视通过教育达成外显的行为，有明确的操作技巧，强调重复训练达到熟练，讲究工作效果，但忽视教师的人格、情感培养。人本主义教育家不赞成行为主义理论这种预先规定的目标。库姆斯强调一个教师应该学会利用自我、发展自我，而不是获得一套能力和外显的技能。教师的"自我"就是教学的"工具"，教师教育就是帮助人发现和发展"自我"，以促使教师心智和品格的成熟，成为一个有学识、信赖人、友好、有威望、懂分享与自我克制、会反省的人。教师信念发展至今，其理论基石也受到社会文化的影响，从而使教师信念能展现出更为科学合理的架构。

1. 建构主义

建构主义由心理学家皮亚杰最早提出。在研究过程中，他认为个体的认知系统是由个体内在因素与个体所属的社会文化环境等外在因素相互作用而建构发展的。他认为主体在与所属社会文化环境相互作用的过程中，逐步建构起关于外部世界的知识，从而使自身认知结构得到发展，继而提出同化与顺应的概念。同化是个体把外部社会文化环境中的有关信息吸收进来并整合到自己原有认知结构内的过程；顺应是指个体已有的认知结构因外部刺激的影响，而无法同化新环境提供的信息时所引起的主体认知结构发生重组与改造的过程。同化是认知结构数量的扩充，而顺应则是认知结构性质的改变。

皮亚杰认为个体的认知发展就是通过同化与顺应这两种形式来达到与周围环境的平衡。当主体能用现有图式去同化新信息时，他就处于同化过程中的平衡认知状态；而当现有图式不能同化新信息时，平衡被破坏，而顺应过程就是寻找新的平衡的过程。主体的认知结构是通过同化与顺应过程逐步建构起来，并在"平衡—不平衡—新的平衡"的循环中得到不断的丰富、提高和发展。

　　基于皮亚杰的认知理论，许多专家学者进一步研究人的认知结构。斯腾伯格和卡茨等人主要研究个体主动性与认知结构之间的关系，强调个体主动性在认知结构建构过程中的关键作用以及促进作用；维果斯基创立的"文化历史发展理论"强调认知过程中学生所处的社会文化历史背景的作用，深入地研究了"活动"和"社会交往"在人的高级心理机能发展中的重要作用。建构主义理论随着研究的不断深入而得到丰富和完善，为教育教学实践活动提供了理论基础。

　　在建构主义理论的不断发展过程中，"学生中心模式"一直是其理论的基础与出发点。建构主义理论学者认为，在教育教学实践活动中，学生是教学实践活动的中心，是知识意义的主动建构者；教师主要承担教育教学实践活动组织者、指导者、意义建构帮助者、合作者和促进者的角色；学习知识是学生主动建构意义的对象，教学媒介是用来创设情境、进行协作学习和会话交流，即作为学生主动学习、协作式探索的认知工具。师生双方充分发挥双主体性作用，教师运用情境、对话、合作、探究等学习要素发挥学生的主体性、主动性、积极性和创造性，最终使其有效实现对所学知识的自我认知与意义建构。

2. 多元智能理论

　　现代心理学研究表明，人的智力是多元的。美国哈佛大学教授霍华德·加德纳在斯腾伯格的三元智力理论基础上发展并提出了多元智能理论。多元智能理论认为，人类智能包括语言智能、数理逻辑智能、音乐智能、肢体—动觉智能、空间智能、人际关系智能、自我认识智能（内省智能）和自然观察者智能等八种。每个人都拥有这八种智能，它们同时存在并以复杂的方式相互联系。这些智能之间通常是相互作用的，只是程度有所不同，每个人都有自己的优势智能，而且可以通过个人的优势智能来开发其他几种智能，使其他几种智能也达到比较高的水平，从而使人得到全面发展。多元智能成了个别化教学的理论基础，它最大限度地体现了学生的自主性，因为学生将具有选择不同学习方式的自由，并对自己的学习负有责任，同时它也体现了对教师专业性的尊重，相信教师知道怎样做才最满足学生的需求。多元智能理论的出现，给现代教师的教学任务提出了新的要求，即教师应该根据每个学生的特点和不同的学习类型，为不同的学生创设学习所需的内部条件和外部条件的教学情境，不再把学生套进既定的课程结构中，而是依据学生的兴趣、禀赋去开发课程和开展教学，确保所有学生都有最充分地运用自己的潜能的平等机会。

加德纳认为多元智能在人类认识世界和改造世界的过程中都发挥着重大且同等重要的作用，并在此基础上，他主张教育应依据不同的实际生活和学习情境进行多元化多样化的评价。在多元智能理论的指引下，教师信念的发展和完善可以更为多元而全面。

首先，多元智能理论认为人的智能是多元的，并且每一个学生都具备不同程度的智能特点，都能在多种智能中找到自己的优势和发光点。传统的教学方式忽略学生个体的独特性与多元智能的不均衡性，以同样的教学方式和同样的教学内容以及同样的教学评价进行甄别，在一定程度上扩大了共性但忽视了个性，对学生的评价也不是全面科学的。传统的终结性教学评价方式主要是通过量化的方式来评价学生，但在学习过程中学生的情感、态度、价值观发生了怎样的改变，很难通过量化分数体现出来，只能通过学生实践行为才能真正地反映。

加德纳认为对于学生的评价最好的方式就是发展性评价，通过观察学生的行为，去描述其在学习过程中的个体变化，而这样的评价主体，一般由教师来承担。教师是未来学家，其责任之一便是发现学生的潜能，并正确引导这个学生潜能的发展，以便促进其自我实现。教师应树立科学的评价观，每一个学生只有智能上的差异，用平等公正的思想来对待每一个学生。

其次，教育的目的在于培养人、造就人。多元智能充分尊重人的全面发展，鼓励个性的发展。多元智能理论认为，主体的多种智能中必定有强有弱，尊重多元智能中的强项，意味着鼓励学生个性发展。个性教育与创新是紧密相连的，强调个性在于培养学生的创造意识、创造精神，从而适应这个迅速变化的时代和社会，并用这种创新的精神推动社会的发展。

教师应以发现学生的智能强项为职责，引导他们以智能强项和兴趣选择课程，并能以此找到更加有利于他们学习的教学方法，让每一个学生都能够在学习的过程中找到自信，找到自己的发光点。

（二）科学合理的观念架构引领教师信念的正向发展

教师信念指引着教师教育教学实践活动，同时，教师信念的发展和完善也在一定程度上影响着教育教学效能、教师专业发展和自我成长。教师只有在对教育的本质、教学过程以及学生的正确认识和理解的基础上，才能对其教学行为进行改进，教学效能才能得到提高。教师信念的正态发展，会使教师教学实践、自身发展都得到提升和完善。

我们知道，教师的教育教学实践是教师对教育原理、教学过程、教学关系的理解的行为表现方式。但教育教学实践活动的实效性与临时性也会对教师信念产生一定的影响。奥斯特曼认为教师的理论知识可分为"所倡导的理论"和"所采用的理论"两类。"所倡导的理论知识"是显性知识，是教师能意识并易表现出来，更容易受到外界新信息的影响而产生变化，但不能对教学实践与教学行为产生直接影响的知识；"所采用的理论知识"是隐性知识，是教师不易察觉不易变化，但受文化和习惯的影响，可直接对教师的教学实践与教学行为产生重要影响的知识，教师信念就属于后一种理论知识。

这两类知识并存于教师的认知结构中，但并非每位教师的教育信念与教育教学实践行为都能保持一致。研究发现，教师已有的教育信念或教学理论，与教育教学实践行为并非完全一致，会受到社会文化环境等因素的影响而临时改变。在访问一线教师时，有教师表示，虽然经常参加职后培训项目，能吸收较为先进的教育理论与教育思想，但在实际的教育教学实践活动中，仍然会受内外部影响因素的制约而沿袭传统教学方法。还有教师表示，在其教育教学实践活动中，并没有意识到教育信念与教学行为的不一致，在自身的教学实践中形成了相对比较习惯的教学方式，不易改变也不愿改变。①

教师教育观念的内容很多，如教育价值观、人才观、师生观、

---

① 左银舫：《建构主义思想下教师教学观的思考》，《湛江师范学院学报》2004年第2期。

学生观、课程观等。教师的教育观念与教师丰富的社会化过程息息相关，教师在社会文化的濡化和涵化过程中，逐渐树立起自己的教育信念，在个体社会化过程中形成的这种教育信念一经形成，一般不易改变，除非遇到了特殊的挑战。教师的观念影响教师的成长和学生发展的深层心理活动。首先，它在选择工作任务和认知策略以完成工作任务中起着导向作用。可以说，教师信念决定了教师的教育教学行为。其次，教师的观念也直接影响着学生的成长。因为教师的学生观与教师的期望，通过教师的教育方式这个中介变量来作用、影响、实现学生的发展与成长。因此，笔者认为教师的观念是教师成长的支撑性品质。

1. 教师的课程观

教师的课程信念是指投入课程实践中的教师对课程的最核心的理念和立场，这种理念和立场与教师对课程的理解、期待和旨趣有关。课程信念取决于教师对课程、学生及自己的理解。

什么是课程？课程是学科知识吗？课程是活动还是经验？学生应该如何学习？教师是谁？教师在课程实践中的作用是什么？对于这些问题的不同回答都可能影响教师的课程观。因为，对课程、学生及教师的不同理解，不只关系到为什么教、教什么和怎样教，也关系到在课程中教师、学生甚至社会的不同关系。这也涉及教师信念的价值观问题。

对于强调科目内容的课程来说，教师的责任就是完成规定的内容的教学，教师是为了内容而存在的，学生成为机械的接受者。而对于将课程视作学生主动活动的过程而言，更关注的是学生学什么做什么，教师如何调动学生原有的经验，给学生怎样的帮助。

　　就课程理念而言，最根本的是形成一种务实、有效的课程文化，从而生成丰富、有效的课程实践。因此，课程文化的形成是教师课程理念的重要内容。课程文化建设的核心是形成一种有利于课程实践和课程发展的基本信念。有了这种信念，课程的实践才可能是理性的、持续的和有效的。课程信念也在一定程度上反映了学校及其环境的一些重要特质和内涵。课程文化影响教师的观察、思考和对课程实施环境的感受，其中课程信念对组织成员的影响是最为显著的。绝大多数教师希望课程实施的环境是稳定的，而不是杂乱的，当他们无所适从时，课程文化会给他们引导，课程信念会帮助他们找到前行的方向。课程信念对课程的设计、实施都有重要的作用。这是因为"教师的历史、知识、信仰、价值观和兴趣对课程和教学实践有形成性作用。教师在设计课程时将他们的世界观和反映他们对有关什么是儿童要学习的重要的东西，儿童和社会的根本目标的那种信仰都编织进去了。教师从儿童、家长和社区中听到和看到的问题，他们要选择和忽略的东西都强烈地受他们自己的文化信仰、未检验的态度、不安和偏见的影响"①。

　　教师是课程的设计者、组织者、实施者与阐释者，只有通过教师的解释和实施，课程才能更好地为学生所接受和理解。课程的"过程文化"论是建立在对课程活动理解的基础之上的，它认为课程就是一个学生在有指导的情境中不断探究、交往、发现和表达的过程。因此，教师的课程信念就是让学生行动起来，让学生在行动中学习，充分发挥学生的感官作用，充分发挥学生的想象力和创造力，在具体的实践中发展学生的思维能力。这样，对课程、学生及

---

　　① 佐藤学：《课程与教师》，钟启泉译，教育科学出版社，2003，第 265 页。

教师综合认识的不同，就影响着教师的课程信念。

2. 教师的教学观

教师的教学观是指教师从实践的经验中逐步形成的对教育本质和教学过程的基本看法。教师的教学观一旦确定，就会在他们的头脑中形成一个框架，影响到他们对教学过程的具体事物和现象的看法，影响到他们在教学中的决策和实际表现，进而影响到学生的学习。一定的教学观，取决于一定的社会和时代对教学的要求，以及教学理论的发展水平，同时也反映了教学的实践情况。

从 20 世纪 80 年代开始，学者发现，教师的意识与行为之间具有紧密的联系。在对教师教育教学实践行为进行研究和解释时，首先要了解教师的信念、价值观、教学观等方面的观点和看法。同时，在对教师行为、认知和思维的研究过程中，发现人们发现要正确地解释从这些研究中获得的信息，就必须了解教师对教学过程以及自身在教学过程中的角色、地位的看法，即教师本人的理念和价值判断。

传统教育教学实践活动中，教师是作为知识或信息的传递者和施予者，处于主动地位；学生是信息的吸收者和接纳者，处于被动地位。这种忽略学生主动性的传统教学方式严重阻碍了师生间的相互交流，影响了教学的效果和质量。我国传统的教学观可以称之为"传授型"的教学观。古有"师者，所以传道受业解惑也"，认为知识是一种外在于学生的东西，可以通过教学从某个资源搬运到学生头脑中去，教学过程也是一种传输过程。

赖尔逊认为，教师的教学观一旦形成，就会在他们的头脑中形成一个框架，影响到对教学的理解和过程的看法、观点，影响到他们在教学中的决策和实际表现，进而影响着教学实施活动，影响到学生的学习效果。也可以说，教师教学观的理解程度直接影响着教学的实施。所以，教师的教学观是提高教学质量和效果的首要因素和关键环节之一。

观念的转变是头脑中原有的观念与外来信息相互作用的结果。凯曼将教师的教学观归类为五种：传递信息、传递知识的结构、师生相互作用、帮助学生理解、促进学生的概念转变。前两种教学观的共同点是强调教师和教学内容，属于以教师（或教学内容）为中心的教学取向；后两种教学观的共同点是强调学生的主体地位和学习过程，属于以学生为中心的教学取向；第三种教学观介乎两种取向之间。凯曼所赞成的教学观是由教师中心转为学生中心。

马尔顿认为，由于人的思想与他所处的社会环境以及文化背景有密切的关系，教师的教学观也必然受到环境文化因素的制约和影响。不同教育制度和文化背景下工作的教师教学观也不尽相同。

福克斯提出的"塑造型"教学观和比格斯提出的"机构型"教学观都强调教师有责任按社会或教育机构的要求进行教学，把学生按社会或学校规定的标准塑造成合格的人才。它们都把教学看成一个生产的过程，学生是原材料，通过教师的加工和塑造可以把学生变成合格的人才。

新时代的来临，对教学实践活动和教育目标提出了新的要求和标准。为提高教学效能，促进学生全面发展，必须改变教师在教学实践活动中单纯作为知识传授者的角色，成为教学实践活动的计划者和指导者，使学生作为学习活动的主体。

古语云："江山易改，秉性难移。"转变教师教学观念是困难且艰巨的任务。研究发现，教师虽接收了新的教育理念与方法，但定式思维与教学习惯会导致教师教育教学实践行为磐石化。

传统的教学观念使教育教学实践活动成为单向度的灌输，不再反作用于教师信念的发展和完善。教师信念的形成不仅仅是认知和心智结构的演进，更是个体对实践行为的反思和建构。

教学实践活动的双向度作用，教师认知和心智结构的建构、教学理念和实践的有机结合，都是教师信念走向完善的基石与动力。只有将教学实践活动转变为交互主体性活动方式，通过师生间的合作与对话探索世界真理与自我成长，才能获得发展。交往对话是师生间对符号文本和教育生活文本的相互交流与阐释，在此基础上，通过解释，反思和批判、发现和创造；通过对话，感受意义与真谛，生成新主题，不断促进自我生成。

3. 教师的课堂观

教育的代际传递需要教学实践活动作为中介，教学实践活动在教育过程中处于重要核心位置，而教师，正是组织实施教学实践活动的教育主体之一。在教学实践活动中，教育目标和理念通过教师任务和方法的转化，得以实施与完成，从而使学生得到全面发展。

传统教学理念将教师的任务进行了界定，在教育教学实践活动中，教师的主要任务就是对学生进行思想道德教育，传授已有的文化基础知识，回答学生疑惑的问题，促进学生提升智力。基于此理念，传统的教师课堂观默认所有的学生学习水平和能力相当，都可以在同样的时间内，运用同样的教学方法掌握同样的学习内容。这种课堂观忽略了教师的个人教学风格，忽略了学生的个体差异，忽略了学生学习方式、已有认知结构、自身需求等方面的不同，将教学的主动权和决定权牢牢地掌握在教师手中，学生处于被动控制的地位。传统的课堂教学实践活动关注的是教师"教什么""怎样教",忽视学生"学什么""怎么学",将教师作为评价主体,忽略学生的主体性与自主性,将课堂教学简单地认为是教师单向度的实践活动。

传统的教育观将知识看作一种静态经验积累、永恒不变的结果,教育教学的主要功能是将已被人类所熟知的、积累和总结的知识传递给学生,具体体现为在课堂教学中主要教授教材内容和书本知识。所以,在课堂教学实践活动中,教师往往比较注重传授现成的知识结构和逻辑,忽视知识产生的社会文化背景以及个性化的知识体系。

虽然经验主义的知识界定确实如此,但随着时代的变迁和社会的前进,随着知识更新速度的加快和人的认识水平的提高,人们的知识观发生了巨大的改变,知识的形成也由静态转为动态发展过程,知识的本质也与具体的生活世界紧密联系,在特定的时间、地点和背景中运用并成立。教师课堂观也应随之发生重大的变化。

多元价值观的社会文化对知识的产生与发展起到了促进作用。从来源看,知识既是通过感官获得的经验知识,和来自传统的权威知识,也是通过推理获得的理性知识,以及通过洞察人的情感获得的直观知识;从拥有者角度分析,知识可以是社会群体认可的公共知识,也可以是具有独立认知的个人知识;从显现度分析,知识可以是以书本、教材等形式呈现的显性知识,也可以是课堂文化、师生交往等内隐的隐性知识。

多元的知识观改变了传统的课堂观。教材知识仅仅是课堂教学实践活动中的组成部分,学生更多的知识体系需要通过活动在课堂中建构生成。仅仅具备相关科目的广博知识,仅仅将现成的知识传递给学生已远远不能满足当代教师职业发展的需求，多元价值观的社会文化对教师的角色和任务提出了新的要求和标准。

教师不仅仅是"传道受业解惑"，更应担负起对学生道德和教育引导的任务，使学生在知识爆炸和文化多元的时代不迷失方向，能够辨别适宜的信息以及正确的价值观。同时，新时代的教育理念要求教师树立多元价值的课堂观，要尊重学生的多元文化背景，如民族文化、宗教信仰、家庭结构、父母职业等；尊重学生个体差异性以及兴趣爱好的不同；鼓励学生各抒己见，从各自的视角和理解、分析、解决问题，在多元价值的课堂中，教师与学生、学生与学生、学生与学习内容之间不断碰撞，产生新的火花，增强师生、生生之间的相互理解与共融，打破传统课堂单一的价值观，建构出互动多元的新的价值观，使课堂真正活起来。

除此之外，现代教育理念也将教育研究重点从关注教师个体发展转移到关注教师和学生共同发展的领域中来。现代教育理念更尊重学生的个体差异性，注重学生学习的自主性以及创造性思维的发展。这就要求教师在教学实践活动中，改变传统教学中将学生看作一个抽象的整体，而要将其看作活生生的个体。个性化教学模式的变革，以记忆为主的传统知识教育被创造性教育所代替，正是现代教育理念的体现。

雅斯贝尔斯曾说过，教育活动关注的重点应该是人的潜能如何最大限度地调动起来并加以实现，以及人的内部灵性与可能性如何充分生成。他认为教育是人的灵魂的教育，而非理智知识和认识的堆积。所以多元价值观下的新时代教师课堂教学的主要任务不再仅仅是传递知识和技能，而是尊重学生的主体性，因材施教、因地适宜地促进学生学习潜能得到最大限度的发展。

4. 教师的学生观

教育活动是一切有益于人的发展的实践活动，其最终目的是促进学生身心的全面发展。作为教学实践活动的主体与中介，教师的学生观对学生的全面发展具有重要的作用。树立正确的学生观是教育教学实践活动取得理想效果、达成教学效能的根本保障。

从古至今，有关人的认识存在着两种截然不同的观点。孔子、卢梭等认为，人的天性是善良的，人出生就是一张白纸，是社会文化环境影响了人的成长和发展。卢梭曾说过："出自造物主之手的都是好的，而一到了人的手里，就全变坏了。"主张从儿童的天性出发，从实际需求出发，把儿童看作独特的、处于特定阶段的人，通过教育让他们去适应生活。赫尔巴特等认为，儿童生来就是盲目冲动的，他们的烈性，经常扰乱成人的计划，也把儿童的未来人格置于许多危险之中；应把学生当成小大人看待，主张向学生传授成人的知识，需要通过教育来引导与纠正错误的行为，为完满的生活作准备。

对于学生地位的认识，也存在着两种不同的观点。赫尔巴特认为教师在教育教学实践活动中处于中心地位，教育教学实践活动的开展和实施都由教师掌控，教师具有绝对的权威，学生必须无条件地服从教师的安排和指挥，这就是"教师中心论"。杜威则认为学生在教育过程中处于中心地位，教育实践活动应以学生为中心进行组织与实施，教师在这一过程中处于次要地位，是以咨询者和辅导者的身份出现的。

对于学生知识的获取方式，英国教育家洛克曾提出著名的"白板说"，认为学生的大脑就是知识的容器或仓库，主张向学生灌输系统知识，学生则是被动地接受，强调知识的接收。杜威等人对此有不同意见，反对把学生当成知识的容器，反对系统刻板的知识传授，主张学生从生活中、从活动中学习，强调能力的发展。

对于学生的管理方式，赫尔巴特等认为需施以严格管理，运用威胁、监督、命令甚至体罚等惩罚手段从思想和精神上防止学生产生反社会的倾向，从而达到维持学校和社会秩序的目的；卢梭、杜威等人则主张对学生实施遵循发展规律、顺其自然的、自由的教育，反对严酷的纪律和惩罚。

对学生观的研究和发展经久弥新，不同的时代、不同的社会文化、不同的哲学基础、不同的视角都会出现不同的研究观点，而这些研究观点在一定程度上影响着教师对学生的认识与看法，对教育教学实践活动的理解与实施。新时代的到来，发展与之相符的教师信念与学生观，教育教学实践活动才能取得预期效果，才能实现师生双边正向发展。

首先，教师应尊重学生的个性特征，对学生的兴趣爱好及天性持有积极乐观的态度。不管是之前所提到的性善论、性恶论，还是遗传决定论或环境决定论，在一定程度上都以偏概全、有失偏颇。个体从出生之时起就是一个独特完整的主体，学生也不例外。学生不是简单地以学生的身份存在于社会之中，他们具有各种不同的社会角色和身份，拥有多种多样的个性，既有相同的角色也有个体的差异，所以，教师应尊重作为独特主体的学生个体，同时还要协调好学生之间的一致性与差异性的关系。新时代的教师应认识到学生与成年人之间的差异性，对于学生观的正确树立与发展，要辩证地分析和看待。要相信每个学生都是独一无二的个体，都具有自己独特的发展前景，都可以通过正向引导正面教育积极成长，有所成就。

其次，教师应明确学生在教育教学实践活动中的主体地位。时代的发展证明，目前最适宜的教学实践活动应为"教师主导学生主体"的"双主体"。

研究表明，学生是正在发展中的个体，认知结构、能力水平以及情感态度价值观等方面还未达到成熟水平，需要教师的正向引导。但是，学习活动是一种主体行为，是需要学生自身发挥主观能动性的活动，其认知结构也是通过学生自身内化后主动建构的过程。由于学生身心发展的特殊性，在教育教学实践活动中，教师在了解学生主体地位的基础上不断鼓励和激发学生的兴趣、积极性和主动性，才能促进学生的全面发展。

最后，学生是发展中的主体，教师应以发展的眼光来看待学生。历史不断前行，社会不断进步，文化不断变革，所处社会文化环境中的人也随之处于时时刻刻变化发展之中。教育的目的之一便是促进学生身心全面协调发展，教师的任务之一便是在教学实践活动中，创造适宜的学习环境和条件，挖掘学生的潜能，协调学生整体性与个体性的统一，尽力保证每一位学生都能获得成功。同时，在教学实践活动中，教师应理解学生的不足与缺失，帮助引导学生修正、解决问题，以积极的心态和发展的眼光激励学生的发展与自我成长。

教师学生观的树立，应在教育教学实践活动中践行。在将学生观付诸实践的过程中，教师学生观的实施会对教师信念的正向积极走向产生深远的影响。

首先，爱是教育的出发点和前提条件。要成为一名合格的教师，首要因素便是对教育充满热爱，对学生充满关爱之情。只有热爱学生的教师才会正确地对待学生，并用科学的学生观指引自己的教育教学实践活动。

特级教师刘炳生在谈到学生观时强调，学生的成长对他是一种教育和鞭策，学生的成长激励着他要向自己的教育对象学习，不断充实自己。通过多年的学习和时间，他逐渐认识到教育工作不单是方法问题，更重要的是教育观念、教育思想问题。一定要正确对待学生的优点和缺点，特别对所谓的"差生"要有正确的看法。要爱所有学生，要尊重他们的人格，要关心他们的困难和疾苦，要做他们的知心朋友。他的思想、作风的转变，为建立师生友谊奠定了基础。在课外兴趣小组的活动中，师生之间无拘无束地交往，教师能了解学生在想些什么，干些什么，喜欢什么，不喜欢什么。总之，能了解学生的内心世界。这样就能有的放矢地"一把钥匙开一把锁"，有针对性地开展思想教育工作。[①]

在关爱学生的同时，教师还应遵循科学规律，了解学生身心发展的特点并以此作为教育教学实践活动的理论依据。学生的身心发展，既有连续性又有阶段性，不同的年龄阶段有不同的年龄特征和身心发展规律。教师遵循学生身心发展的特点与规律，用爱与关怀，鼓励学生不断发展和完善。

其次，教育过程中的双边主体是平等的，教师与学生之间是平等互助的师生关系。传统的学生观将学生视为教学实践活动的客体，被动接受知识，服从教师权威指示。近现代人本主义教育家主张给学生绝对的自由，教师成为教育教学实践活动的客体，一切以

---

① 柳斌主编《中国著名特级教师教学思想录（下卷）》，江苏教育出版社，2000，第 68—70 页。

学生的自由为重。不管是教师中心论还是学生中心论，都违背了师生之间平等对话的交往关系。特级教师马明在谈到与学生相处和交流时，认为最重要的是树立平等、民主的信念。马卡连柯在概括他的教育经验的本质时用了一个极其简单的描述："要尽量多地要求一个人，也要尽可能多地尊重一个人。"[①]

最后，教师应尊重学生的自由选择权。蒙台梭利认为区分教育是好是坏的依据之一便是教师对学生的自由活动采取何种态度。皮亚杰也认为学生是独立主动的个体，教师应该意识到自由选择权利对学生学习程度的重要性，充分尊重学生的自由权利，将课堂教学的学习自由交还给学生，由学生自主选择和安排，才能充分调动学生的积极性和主动性，才能促进学生创新思维和实践能力的形成。

5. 教师的教师观

教育从本质上讲是以人为出发点，以人为归宿的活动。教师的信念是其信念系统的组成部分，教师的专业发展也是教师个体发展自我实现的组成要素。教师信念的形成、教师专业发展和自我实现的达成，应从作为主体的人的角度来分析和建构教育的交互作用关系。马克思曾说过，人同社会的关系是人与人的关系，在这种关系中，可以用爱来交换爱，用信任来交换信任。如果你想得到艺术的享受，必要条件是你需要有艺术修养；如果你想帮助别人，首要条件是你能具备鼓舞和激励的能力。所以，个体同社会即自然界的一

---

① 柳斌主编《中国著名特级教师教学思想录（下卷）》，江苏教育出版社，2000，第12页。

切关系，都应该是个体现实生活与意志相符合的特定表现。①

从哲学层面分析，个体的发展与成长是在不断地反思实践过程中实现的。反思理念将价值目标设定为个体的自我本质，是个体理念的自我反省与批判。教师观是教师教育思想的直接体现，是随着时代和社会的发展而变化的。教师观念的产生、形成和发展都是基于社会文化环境对教师的反馈投射以及教师的自我监控、自我反思和自我矫正的过程。反思性理念要求反思者即教师要具备高度的责任感，谦虚、坦诚、积极、创新的职业道德以及自我专业发展的强烈动力与习惯。

基于对教师专业能力发展模型的研究，华莱士提出了教师终身发展的基本形式——"反思性实践"。他认为反思性实践贯穿教师专业发展全过程，是教师勇于自我批判和自我挑战的积极态度，也是教师对自己的教育教学行为进行客观公正地观察、调整的一种科学的思维方式，对不足、问题及其原因进行分析和思考的过程；是对行动方案进行合理修正的一系列批评性、反思性的思维技能。

他认为教师专业发展由专业知能和反思性实践共同构成。教师专业发展的专业知能是基础，包括教师的知识、技能、情感、态度，特别是教师信念的全面形成，只能在教师教育教学实践活动中得到发展；反思是动力，是为了"化知为智""化知为德"，驱动教师在教育教学实践活动中不断调整和修正，以期达到自我成长。刘炳生认为，教师必须终身学习，不断开拓和更新自己的知识。尤其是在知识爆炸的现代社会，更要不断充实自己。就如加里宁所说的

---

① 马克思、恩格斯：《马克思恩格斯全集（第四十二卷）》，中共中央马克思、恩格斯、列宁、斯大林著作编译局译，人民出版社，1979，第112页。

那样："教师一方面要献出自己的东西，另一方面又要像海绵一样从人民中、生活中和科学中吸收一切优良的东西，然后再把这些优良的东西贡献给学生。"

反思性实践是一种总结经验、思考问题、探寻解决的认知方式。在教育教学实践活动中，反思性实践可以提升教师的专业素养，促进教师的教学智慧。教师信念是相对个体化个性化的心智结构和实践性知识，但在信念系统的形成和发展过程中，也是经过不断地反思实践获取信息进行转化，所以，教师也是通过反思性实践重构其教育信念。

第五章　教师信念的行为策略探析

> "教师的信念是教师的核心竞争力，蕴含着教师的信誓，教师的激情，包含着责任与使命、爱心与真情、坚持不懈与持之以恒。"
>
> ——郭元祥

若要了解教师教学行为的深层原因，就应了解教师对其教学实践活动及相关事物的主观解释。教师信念是教师专业发展、自身改变的重要内隐因素之一，如何将教师信念这种内隐因素转化为可以被人们所了解和感知的外显因素，是研究者不断探究的动力之一。研究者在对教师信念进行深入研究以后发现，教师的行为研究是研究教师信念的出发点和归宿。

由于教师信念是内隐的，不被外人所清楚了解。在教学实践活动中，教师需要不断地反思自己的教育信念，并将自己深信不疑的信念表述出来以使学生理解。同时，当教师面对学生已有了他们自己的关于教学和学习的信念时，也要尝试去反思和理解学生的信念。而作为教学的另一方——学生，可以主动去理解教师的教育信念，同时反思自己对学习的信念。只有充分开展教师与学生之间、学生与学生之间的合作学习，教学才能达到较为理想的效果。

一般认为，个体信念影响行为改变，教育信念决定着教师教学实践行为以及自身成长。但研究表明，教师信念与教育教学实践行为之间并不完全是正相关，并不具有必然的一致性。国内外学者在对教师信念与教育教学实践行为进行研究时，发现教育教学实践活动会受到多种因素的影响与限制，其中包括教师信念的迁移性、课堂教学的复杂性与突发性等。师生关系的融洽程度、课堂教学实施进展、学生的个性化需求、教师个体生理状态、学校与班级文化环境、课程内容与资源的选择等各教育因素都会影响教师的教育教学实践行为，但不一定是受教师信念发展的影响。

威尔逊认为，就算是教育教学实践活动的目标与计划与教师信念内涵一致，但因教育教学实践活动的双边性与不可预测性，教育教学实践行为与教师信念期待仍有差距。Fang 认为，教师的信念与教学实践活动之间的关系可以表示为"从非常一致到非常不一致都存在"[①]。

个体与社会文化的发展是互融共生的。人是社会文化的产物，也是社会文化的创造者。教师在教育教学实践活动中，因所处社会文化环境的不同，教育信念各具特色。对于教育信念与教学实践行为之间的关系，我们既不能简单地认为教育信念必定指导教师教育教学行为和教学效能，也不能认为否定教师信念对教学行为、效能以及教师专业发展的重要作用。教师是具有主观能动性的个体，在其专业发展中，信念与行为之间存在着一定的张力，不同程度的张力影响着教师信念与教育教学实践行为之间的共存程度。

《中共中央国务院关于深化教育改革，全面推进素质教育的决

---

① Fang ZhiHui, "A Review of Research on Teacher Beliefs and Practices," *Educational Research* 38, No. 1 (1996): 47—65.

定》中，明确提出："教师要热爱党，热爱社会主义祖国，忠诚于人民的教育事业；要树立正确的教育观、质量观和人才观，增强实施素质教育的自觉性；要不断提高思想政治素质和业务素质，教书育人，为人师表，敬业爱生；要有宽广厚实的业务知识和终身学习的自觉性，掌握必要的现代教育技术手段；要遵循教育规律，积极参与教育科研，在工作中勇于探索创新；要与学生平等相处，尊重学生人格，因材施教，保护学生的合法权益。"习近平总书记对新时代教师提出要求时，将"有理想信念"放在了最重要的位置。近年来陆续颁布的相关文件也都关注到教师信念对教育教学的重要作用与影响。

在部分国家文件与相关研究中，都明确指出教师信念是教师专业发展的基石与内驱力，应在教师专业素养结构中处于较高的层次与水平，对素养结构的其他组成因素具有较强的影响力和作用力。教师的认知结构与心智结构促进教师信念的发展与完善，教师信念的发展与完善又影响着教师教育教学实践行为。新时代的教育体系在教育目的与制度、课程功能与实施、教学范式与评价等方面已有质的飞跃，这就要求新时代的教师树立科学的教育信念、更新适宜的教学行为、实现全面的专业发展，符合新时代教育发展的要求与标准。

教学信念是教师对教育事业的价值定位与追求，是教师对教育事业热爱的外在表现，是教师专业发展和自身成长需求的提升，是教师心灵深处的精神力量，是教师改变的原动力。信念指引着教师的教学行为，是教师是否实现自主、自为、自觉的改变的关键所在。正向教师信念的作用和生成，对教师改变必将产生积极的影响。

一、培养教师反思意识，书写教师个人生活史

在 20 世纪初，杜威在《我们怎样思维》一书中就对"反思"进行了系统论述，并强调反思在教学中的重要性，他认为思维是把单纯冲动盲目的行动变为智慧的行动，而将这种智慧的行动变成现实的，首先就是教师。在传统教学实践活动中，人们把教师视为技术人员，仅仅是用别人设计好的课程达到别人设计好的目标的知识传授者；而教师专业发展理论将教师的"专业知识"和"专业实践"紧密结合起来，教师通过对自己教学行为的反思，自我监控、自我调适、不断优化和改善教学行为，从而提高教学能力和水平。

美国心理学家波斯纳曾提出教师的成长公式是"经验＋反思＝成长"，我国著名心理学家林崇德提出"优秀教师＝教学过程＋反思"的成长公式。布迪厄认为，反思即是自我反思，其本质是一种理解与实践之间的对话，是理想与现实自我的心灵上的沟通。反思过程中，主体既是反思的对象，又是反思的承担者。班杜拉认为，个体的经历与学习形成了思想与行为，但其生成与转化是个体思想行为与社会文化环境交互作用的结果，在交互过程中，促进个体思想和行动发展的关键动力即为个体的自我反思。他认为个体通过反思自己的学习经验和生活历程，可以归纳出有关他们自身和他们周围世界的一般知识。①

鲍春荣认为教师信念是指导教师行为的关键因素。他通过自我

① 朱小蔓：《教育的问题与挑战——思想的回应》，南京师范大学出版社，2000，第 336—337 页。

叙事，运用叙事网格，记录、分析教师信念在教学模式转变的不同阶段的发展变化。研究表明，在教师信念转变过程中，个人直接经验、替代性经验、社会说服三种因素起到至关重要的作用。[①]

学术界将反思过程分为三种：一是实践前的反思。前瞻性反思，重视经验教训对未来的指导。二是实践中的反思。过程性反思，具有及时性的反馈功能，教师可根据学生的反应随时调整教学内容和方法。三是实践后反思。回顾性反思，使实践经验得到升华。

此外，教师自我反思也可以分为学习性反思和批评性反思。其中，批评性反思是教师运用更合适的教育理念来反思现实中的教育问题、教育弊端，在批判中开拓教育的新思路，创造教育的新经验，形成教育的新模式，在教学中前进，在创造中发展。

反思性实践是一种思考经验问题的认知方式。教师教学实践过程中所获取的知识与意义并不能够自动地转化为教师个人的教学智慧和信念体系，而是在教师不断调整不断修正的基础上，通过反思性实践重构教育信念。反思性教学实践是对于教师个体的关注与尊重，以其"关怀的美德；教学的建构主义方式；艺术的解决问题"[②] 的特性，被广泛推崇为教师发展的有效路径。

反思性实践教学的目的在于通过反思与实践，促使教师对其教育教学行为进行理性地审视和思考，修正不合理的教育信念，整合先进的科学的价值与意义，实现教育信念的正向全面发展。高度个人化、在个人经历中自我建构的教师信念一般难以用语言表达，而

---

① 鲍春荣：《混合教学模式探索中的教师信念发展研究》，《长春师范大学学报》2020年第5期。

② 威廉·派纳：《理解课程》，张华译，教育科学出版社，2003，第780页。

是表现在教学实践活动中，因此需要通过反思才能将隐含的教师信念显示出来。在新的教育理念指导下，教师不再是知识的接受者、传递者、使用者，而是知识的建构者和生产者，学生的引导者与合作者。这就要求教师成为积极的反思实践者和行动研究者，从而实现自主的可持续发展。

反思性实践型教师在教育教学实践活动中充分体现出双重身份：既是知识的传授者，还是教育教学实践活动的研究者，他们不仅具有课堂教学所要求的知识、技能与技巧，而且还具有对自己的教学方法、教育内容进行反思、研究、改进的能力，以及对教育的理论基础、教育的社会价值和个人价值等问题进行探究和处理的能力，在不断地自我调整、自我建构中，获得持续的专业成长。

教师个人生活史分析为教师反思自身行为，完善自身信念提供了较为科学的方法。近年来，旨在探究教师生活在专业发展中的影响与作用的个人生活史研究、自传和传记研究、合作性自传和叙事探究逐渐成为教育研究方法的热点。古德森和沃克认为"一个更有价值和较少薄弱的起点应该是在教师的生活背景中考察教师的工作"，表明了在教育研究中运用教师个人生活史和叙事的热情。他们认为，生活经历和背景是形成自我效能感的关键因素，教师将自我投入到教学、经验和背景的程度有多少，就能在多大程度上决定自己的实践。

个人生活史是教师专业实践知识形成的重要来源，是教师反思与自主发展的重要手段，是教师通过对自己专业成长的回顾，发现自身的人格和价值观、知识结构和实践行为的特性，形成个人专业成长的转折点。教师成长生活史分析，有利于考察自身信念形成过程的变化，不只能为自身的发展和完善提供条件，也可为其他教师的成长提供可资借鉴的经验来源。

教师个人生活史分析的目的不仅仅是塑造一个自以为真实的自我形象供他人观察、评判，而是"以笔作解剖刀，将自我搬上手术台，把自传作为认识自我、探索人性的手段"。教师个人生活史是反映教师在学习、教育过程中，其人生追求与教育信念、知识偏好以及教育的立场和观点等是如何影响教师个人经验的形成。因此，关于教育的哲学立场、学科、课堂管理、课程取向、课堂内外的活动以及其他一切教与学的问题都是个人生活史需要反思和检讨的对象，而通过对它们的回顾和反思，我们将得以触摸到教师成长过程中信念发展和变化的过程，正是因为个人对教育信念的不同才造就了教师间彼此发展的差异。

二、建立教师工作坊，增进对话与合作

教师工作坊是美国教育学家帕尔默提出并积极推广的一种促进教师群体与个人共同发展的教育模式。所谓教师工作坊，是以学校教师为主，结合知识领域专家所组成的教师工作团队（简称工作坊），成员可为同学校或跨校、同县市或跨县市，也可社教机构共同参与，至少由十人组成，并需指定一位教师担任领队的教育模式。

帕尔默认为，世界上没有优质教学的公式，而且专家的指导也只能是杯水车薪。如果教师想要在实践中成长，就只有两个途径：一是达成优质教学的内心世界，二是由教师同行所组成的共同体，

从同事那里我们可以更多地了解我们自己和我们的教学。[①] 同时，他在研究中发现，教师的专业发展与律师或医生的区别在于对象的不同。虽然都是面对不断发展的主体——人，律师和医生更多是解决某一方面或角度的问题，但教师是对学生进行全方位的指导。

传统的教育观中，当教师走入工作场所时，他们较多扮演着单打独斗的角色，在教学实践活动中几乎总是"独奏"，永远在同事的眼光以外，同事之间很少去谈论发生过什么或接着会发生什么事情，教师认为我的教室就是我的城堡，其他的君王一概不受欢迎。

如果教师想教得好，一定要去探究自身的内心世界，但他也可能在那里迷失。因此，教师需要同事之间相互切磋、对话，让教师在教学单位中能找到已累积的集体智慧。

唐宣等人在研究过程中发现，教师的教育信念是教师个体理解教育现象、作出教育判断、采取教育行为的中枢系统，是体现教师工作质量的重要依据。调研报告中指出，教师的教育信念表现出积极、科学的发展态势，政策支持和共同体文化是教师教育信念良性发展的关键影响因素。[②]

任何行业的成长都依赖于它的参与者分享经验和进行诚实的对话，教师也不例外。诚然，我们从个人的尝试、错误中成长，但是如果没有一个共同体支持我们去冒险去探寻的话，我们个人去尝试和承受失败的意愿都会极度有限。

教师工作坊有着丰富的教师成长所需要的资源。教师应从个人

---

① 帕克·帕尔默：《教学勇气：漫步教师心灵》，吴国珍、余巍译，华东师范大学出版社，2005，第 142 页。

② 唐宣、邱佳丽、许红敏：《乡村振兴背景下小学教师教育信念现状分析》，《新课程研究》，2020 年第 7 期。

化的框框中跳出来，好好地利用这些丰富的资源，建立持久不断的教学对话。这既提高教师的专业实践，也从中提高其自我认识。

作为对话理论的奠基人，巴赫金强调："思想只有同他人发生重要的对话关系之后，才能开始自己的生活，亦即才能形成、发展、寻找和更新自己的语言表现形式，衍生新的思想。"[1] 也就是说意义的生成是在主体与主体的相互关系、相互作用、相互影响之中产生和发展起来的，人的生命提升和自我发展过程也就是与自我对话、与他人对话、与世界对话的过程。教师信念的生成和完善、教师自身改变也是教师与自我对话、与他人对话、与世界对话的结果。

在反思性实践活动中，教师个体多采用诸如写日志、传记，构想、分析文献等方式单独进行反思，虽有效果，但拘泥于个体认知结构，影响教师信念的正向发展与完善。教师工作坊在一定程度上改变了教师个体反思的局限与不足。教师通过故事分享、信件交流、教师晤谈、参与观察、头脑风暴等方式与他人合作进行反思，加深了个体认知的深刻和广泛性，拓宽了个体的研究视野，激发了个体的思维潜能，增强了反思的效果。有利于促进教师个体实践知识的建构与完善；有利于促进教师之间的对话，打破教师之间的藩篱；有利于促进教师群体合作的默契程度与内在的关联性。

同时，反思性实践活动也受到教师所处社会文化环境的影响与作用。积极的文化氛围，可以促进与巩固教师个体与群体反思性思维品质、合作自由、民主平等的信念与价值观的养成。这就需要营

---

[1]　巴赫金：《诗学与访谈》，白春仁、顾亚铃等译，河北教育出版社，1998，第114页。

造良好的对话环境和制度支持才能成为现实。在积极的对话与合作中，教师信念不断发展，指引教师教育教学实践活动建构为多方位多向度的交互主体性活动，改革传统教育教学实践活动中单向度传输的特点，加强师生互动、师师互动、生生互动的意识。

合作、交流和对话成为新时代教师专业发展的重要基础。教师与教师之间的合作与对话，主要表现在对合作意识的培养与发展。在教育教学实践活动中，教师超越自我的利益局限，教师间合作备课，协同施教，相互探讨，共享资源，建立学习型的教师群体，构成共同愿景，一起分享专业发展与自我成长的快乐。教师与学生之间的合作与对话，主要表现在对合作能力的实践与参与。在教育教学实践活动中，教师的合作观念会引导教师关注学生的主体地位，创造学生自主参与的交流平台，尊重学生的思考建议，运用合作与对话的教学模式，在交互活动中完善教师个体与学生认知结构。教师与社会各因素之间的合作与对话，主要表现在对合作环境的适应与认同。在教育教学实践活动中，除了教学主体的相互影响与作用，学校文化的适应性、对专业的认同度以及与家长、社区的对话中，教师信念也受其影响而发生着潜移默化的变化。

教师的专业成长不可能单靠个人的力量，教师集体才是个人改变、成长、发展的沃土。加强教师的合作意识不仅是一门科学，也是一门艺术，教学技艺的高超需要多人智慧的融合与创造。通过互动合作，教师之间能够在知识和信息上充分交流，在思想、信念、态度等方面相互影响和促进。因此，教师应当有意识地加强自己与其他教师的对话与合作，在合作中实现个人的成长和发展。但是，加强教师合作意识的同时，还需要培养教师的独立性和创造性，使之避免由于尊重权威、以集体为重的传统文化而产生对权威或集体意见的趋同和盲从，向所谓的主流靠拢，抹杀了自己的主见和信念。

三、鼓励教师融入学校文化，参与校本培训

文化是一个多元的开放的概念，不同的人从不同的视角和不同的社会层面对文化有不同的表述。普遍认为文化是指在社会历史发展过程中所创造的物质财富和精神财富的总和，多指精神财富，如文学、艺术、教育、科学等，它是一个国家、一个民族的历史命脉。

学校是一种特殊的社会组织，在其长期运行与发展的过程中，以学校教师与学生群体为主体，共同达成价值观念、办学思想、群体意识、行为规范等教育制度，集中体现学校精神与文化氛围，形成具备独特风格的学校文化生态系统。

赫克曼认为"学校文化是教师、学生和校长所持有的共同信念，并支配着他们的行为方式"①。学校文化无处不在无所不能，常常扮演着"引领者"与"管理者"的角色，是师生共同体在面对挑战和解决问题过程中形成的具有共识的价值标准与理想信念，在学校文化生态系统中处于中心位置。

高一波、李秀萍认为教师信念必然会受到教师自身因素和外界环境因素的双重影响。教师信念的建构与重塑除教师自身需作出努力外，学校也应通过制订教师发展规划、搭建教师培训平台、建立新的教师评价体系等手段帮助和促进教师更新传统教学思想，转变

---

① 赵中建主编《学校文化》，华东师范大学出版社，2004，第 72 页。

教学信念。①

从形式上来看，学校文化可分为物质文化、行为文化、制度文化、精神文化等；从内容上来看，学校文化可分为校园文化、管理文化、师生文化、课程文化、教学文化、科研文化、家庭与社区文化等。整体来说，学校文化既是一种组织文化，又是一种育人文化；既有整合性，又具选择性和辐射性。学校文化是学校发展的灵魂，当教师进入学校文化生态系统并与之发生联系时，也就顺其自然地受到学校文化的熏陶和影响，其价值观念和行为方式在一定程度上是学校文化的体现与表达，同时学校文化的发展方向在一定程度上对教师信念的生成与完善起着引领和促进的作用。

教师是学校文化生态系统的有机组成部分，在对抗中同化，在冲突中融合。在接收和吸纳学校文化和价值观的同时，教师自身的信念和价值观又随之变化，影响着教师的教育教学实践活动。学校文化对教师信念的完善、专业发展与自我成长起着重要的推动作用，在这个过程中，校本培训与文化认同是较为有效的培养模式。

进入新时代，我国越来越关注教师队伍建设、教师教育与专业发展。《学记》有云："今之教者，……进而不顾其安，使人不由其诚，教人不尽其材。"其结果是学生"隐其学而疾其师，苦其难而不知其益也"。传统的教育观念影响下，我国教师的教育思想较为陈旧，教育信念固化不前，教育方法不愿革新，教育教学实践活动因循守旧，教师权威不容冒犯，课堂教学沉闷机械，教师角色仍是教材和教案的搬运工，与新时代发展的要求不符，与学生需求不

---

① 高一波、李秀萍：《认知发展理论视角下的教师信念及其建构与重塑路径》，《西安航空学院学报》2018 年第 6 期。

符，严重影响了教与学的双边活动，使教师处于新时代的挑战与个人发展的困境冲突中。

教师信念是在教育教学实践活动的认识过程中产生、形成并发展和完善的，通过教师的教学实践行为表现出教师的教育观、教学观、学生观、课程观等。但教师信念不是一成不变的，它会随着教师的认知水平、心智结构、社会文化等因素改变。新时代是一个知识爆炸的时代，信息发达，教师需要及时更新专业知识与观念，调整教育教学实践模式与评价，并完善自身教育信念。但由于教师职业的特殊性，教师无法随时离岗学习先进知识与理念，校本培训模式由此而生。

校本培训，基于学校发展导向与需要，由校方发起和策划，旨在满足教师教育教学实践活动需要的校内培训模式。与传统教师培训模式重学历教育、重激励策略、教学策略与技巧等技术层面的目标不同，校本培训的目的明确，目标直接指向教师个体和学校共同体的双边发展；针对性强，强调的是教师主动参与意识与自我教育能力，注重的是教师教学经验的梳理与总结、教师个体兴趣爱好与专业发展的融合，探讨的是教师教育教学实践能力的发展与专业素养的提升，从而完善教育信念，促进自我成长；方式灵活，通过学习共同体、课题研究、临床诊断、案例教学等培训模式能够达到真正的深层反省和互动，不仅可以更新教师专业知能，还能使教师在培训过程中不断反思教学实践活动的本质与理念，"知其然更要知其所以然"，使校本培训对教师信念产生实质性的影响。

新时代所倡导的全面发展教育是更高标准、更高水平、更高要求、更高层次和更高质量的素质教育，这就对新时代的教育专业发展提出来了新的挑战。在教育教学实践活动中，教师应运用启发式、参与式与合作式等多元教学模式，利用翻转课堂、慕课等方式，引导学生由被动学习转化为主动学习；教师应关注到学生个体发展特性与整体发展共性，因材施教与全面学习相结合，实现知识、能力、情感与价值观多元教学目标的整合；教师应了解师生双方的角色与任务，实现"教师主导学生主体"的双边互动学习模式，为培养新时代社会主义国家的建设者与接班人，为培养德智体美劳全面发展的公民而努力。

四、注重与高校的伙伴协作，共同支持和引领教师信念的完善

在传统的教育教学实践活动中，中小学与高校之间是一种"真空"状态，高校的理论研究与中小学的实践研究各行其是，互不相连。传统教育体制所强调的是"理论属于高校，实践归属中小学校"。这样的假设阐述了教育制度的透明隔膜：理论研究是高校的范畴，而实践是中小学的领地。通常的情形是高校研究者发现教育教学实践活动中出现的问题，提出相对理论化的解决原则与模式，并没能直接指导一线教师解决相应问题。在大中小学的合作中，大学主导研究过程，常常忽略一线教师和教育管理人员的心声。

不少专家学者在研究中发现了这个问题，也积极应对，努力寻求解决办法。

朱德全等人经过研究认为，教学信念是教师在教育教学实践中，对教育教学的事实、观念、理论、思想等确信无疑，并努力践行的个性倾向，是教师专业成长的核心要素之一。教师信念的建构与完善可以通过认知自觉、情感积极和意志自由的相互作用实现，其主要的优化路径在于以培训优化唤醒信念意识、以理论学习丰富

信念内容、以实践反思澄明信念实质和以真实实践推动信念发展等几个方面。①

因为侧重点的不同，大学始终处于理论研究领域的最前沿，有最新的理论，最便捷的咨询来源，最强大的研究团体；中小学注重实践，但对于理论的革新远远落后于大学，教师的专业发展也缺乏理论的支撑和指导。教师信念，作为教师在教学实践活动中对于人生意义、生命价值的体现，也需要在大学与中小学的协作中得以延续和深化，使教师信念对教学价值和行为的影响更为深入和持久。高校研究者可以通过理论研究探寻系统解决策略，中小学一线教师也可以根据高校研究者的理论构建、完善信念系统。由此可知，以解决教育教学实践活动中具体问题为出发点，构建大中小学的协作关系，倡导合作性的行动研究，设计适宜的行动研究计划，实施后反思、调整、总结、升华，以建构丰富、生动的实践性理论，共同支持和引导教师信念的发展与完善。

大中小学共建的协作研究关系，可以使教师获得来自研究领域最先进的理论支持和研究者的影响。随着"教师成为反思实践者""教师成为研究者"等教育理念的推广与普及，越来越多的高校研究者走入一线教学实践活动中，越来越多的一线教师也有机会与研究者合作学习，共同成长。在协作研究过程中，研究者运用多种研究途径与方法，积极影响教师信念的完善与教学行为的提升，也可从教师的现状与需求中发现问题，及时解决并修正，引导教师信念的正态发展与自我成长。在协作研究过程中，大学研究者的理论与

① 吴金航、朱德全：《教师教学信念的内生机制及其培育》，《中小学教师培训》2019 年第 2 期。

中小学一线教师的实践合而为一，大学研究者对教师信念的价值取向与理念架构提供理论支持，中小学一线教师对教师信念的行为实施提供实践支撑，使教师信念在大学与中小学的协作中，不断发展，走向完善。

结　语

　　"教育有如一条大河，而文化就是河的源头和不断注入河中的活水，研究教育，不研究文化，就知道这条河的表面形态，摸不着它的本质特征，只有彻底把握住它的源头和流淌了 5000 年的活水，才能彻底地认识中国教育的精髓和本质。"

——顾明远

　　在多次基线调研、和一线教师交谈后，笔者总会被教师对教育事业的执着奉献所感动，同时，也有许多问题萦绕在脑海里：是怎样的力量支持着教师在清贫的物质生活中仍会对教育事业呕心沥血，无怨付出？是什么促使教师不断地追寻自身的价值，在面临困难和阻碍时仍不放弃？笔者试着从教师们朴实的话语和实际行动中找出答案，找到教师的企盼和期望。当决定对教师信念进行研究的时候，笔者就已经意识到这个选题的挑战性，在写作过程中也越来越发现自己知识的贫乏和思维的僵化。

　　人类的生产生活与发展离不开社会文化。文化是人存在的基本方式，同时也是人本质的反映。文化影响着人的发展，人又推动着文化的发展。人与文化之间存在着相互影响相互促进的共生关系。

　　作为人与文化之间最好的中介与桥梁，教育在体现人的创造性的同时，也在不断地生成与其同步发展的崭新文化，也就是说，时代的变迁、文化的发展、社会的进步，为教育带来机遇的同时，也提出了挑战。但是，着眼于人本身，关注人的尊严、成长及发展的教育本质精神，却始终没有改变。当代教育的功能已经由传统的知识传授，转而使人通过文化价值的摄取，获得人生的真实体验，从而陶冶人格和灵魂。从这个意义上说，教育正在逐渐回归于为着人，人的生命，人的生命扩展、丰富和提升而存在的本真意蕴。

"振兴民族的希望在教育，振兴教育的希望在教师。"在教育教学实践活动中，教师扮演的仍是举足轻重的角色，教育的发展离不开教师自身的提升和改变。教育是一种需要信念的活动，因为教育的对象是人。教师专业发展是一个连续的、多维的互动过程，即一个文化性格与教师信念、文化体验与教学行为等因素的互动过程，社会文化期待与主观自我期待的互动过程。信念是人们对自然界和社会秉持的一些基本观点所形成的一个相对稳定的、带有一定情感和意识及行为成分的完整认知结构。与客观普适、价值中立的公共知识体系不同，信念带有强烈个体意义和情感性的个体知识。文化在传承和演变的过程中，各个组成因子相互作用，形成一个有机的整体，调节、规范着教师的信念和行为，同时教师的信念和行为也对文化的构成与场域产生影响。这个交互过程，既体现在教育教学实践活动的效能上，又呈现出教师个体生存的方式与价值；既是影响师生双方实践活动的行为习惯，又是教师个体生命的形式与意义。

在对教师信念已有的研究中，大多专家学者都认为教师信念是教师需要的一种表现形式，是教师行为的动力系统中一种重要的组成部分，是教师职业价值和意义内化的一种体现，是教师对生命的追求、人生的奋斗目标。教师信念不仅要以完美标准作为认识的前提，而且伴有深刻而持久的情感体验，并使人表现出顽强的意志力，它是知、情、意、行的统一体。而在研究过程中，笔者发现，教师信念与教师当时所处的社会文化背景有关，也与教师各自的需求、志趣、知识、价值观等个性特点有关。它是一种文化和习惯，是教师不易察觉、不易改变且积淀于教师心智结构中的价值观念，是源于教师自身教学认知结构的教学理念，是高度概括的行为指令组成的个人教学思想或理论，是教师个体对生命价值和意义的理解与体验。

新时代经济、文化、信息迅速发展，教育理念不断更新，教师信念正在经历一个不断适应、调整、改进与完善的过程。面对新时代的机遇和挑战，教师处于冲突与困境中：是跟随新时代的发展和变化而进行不断适应与完善，与时俱进，促进专业发展与自我成长，还是墨守成规，沿袭传统，因循守旧，停滞不前？

首先，研究者注意到文化的差异导致教师在对人生意义、生命价值等方面有着不同的理解，认为文化对教师信念的生成、发展和完善有着不同的影响。其次，研究者注意到信念是具有个人化色彩的观念与价值取向，认为在对教师信念进行研究的时候，应该去了解教师所持信念的内涵与相关脉络因素，并探讨其个人意义。

教师信念是影响教育教学实践活动效能的一个重要因素。课程改革的真正阻力不只是来源于资源、培训、课程设置等外在可见因素，教师信念的滞后也是隐蔽其中的重要原因之一。已有的研究一再表明，教师信念的转变和完善是十分艰难的，但是，课程改革所要求的教学实践创新又是以教师信念的发展和完善作为基础的，教师信念与教学实践之间存在的现实与理想之间的差距就是一条隔离两者的沟壑。显然，这一鸿沟的跨越对于研究者和教师来说，都是机遇中的挑战，挑战中的机遇。

教育的本真就是关注生命存在的价值与意义，引导生命的自我超越与创造。所以，笔者认为，教师信念研究的旨归主要在于教师对于生命意义的理解、生命智慧的生成与生命价值的体现。

教师在教育信念中理解生命意义。个体生命的意义在于其独特性与个体性，教师要理解生命意义，首先应把学生看作是有价值、有尊严、有需要、有兴趣、独立的个体，尊重学生的兴趣与个性。雅斯贝尔斯曾经说过："教育决不能按人为控制的计划加以实行。教育计划的范围是狭窄的，如果超过了这些界限，那接踵而来的或是训练，或是杂乱无章的知识堆积，而这恰好与人受教育的初衷背道而驰。"在教育教学实践活动中，教师对生命意义的理解是将人的自然生命与社会价值生命融为一体，形成有机结合的信念系统，使生命的自在与自为、现实与超越、生成与发展，统一在和谐的教育过程中。

教师在教育信念中生成生命智慧。教育活动中，个体的活动即为生命智慧的生成。教师信念系统中所包含的民主、平等、自由的观念，以及教育教学实践活动中师生之间非预设性、不确定性和动态变化性的状态，为生命智慧的生成奠定基础。教师信念的完善与引导，表现为师生之间都被教育活动所吸引，是双方共同在场、互相吸引、相互包容、共同参与、共同进行思想与情感的交换和分享的过程，形成了真正的交流和对话。

教师在教育信念中体现生命价值。教育是引导人追求生命价值的有意义的活动。在社会交往实践活动中所形成的体验，构成了人的人生价值和人格价值。教育目标中所追求的生命价值是在和谐、合作的教师文化氛围中展开的。教师作为教育的主体，应在关注自身生命价值、提升自我生命质量的前提下去影响教育对象，用生命价值去影响、提升学生生命的意义与价值。

从文化视角对教师信念进行研究，只是教师教育研究乃至教师信念研究领域中的冰山一角，只是冰山整体的很小部分，藏在水下的那部分虽然看不见，但若没有这看不见的水下部分，水面上的冰山就不会存在。我们的研究，也可以说只是教师教育研究领域这座冰山中的一角。在未来的日子里，我们还需要去探寻藏在水下的冰山全貌，在这漫长的行进途中，也不能忘记纪伯伦曾说过的一句话：我们已经走得太远，以至于忘了为何出发。

参考文献

[1] 柏拉图. 理想国 [M]. 张子菁，译. 北京：光明日报出版社，2006.

[2] 陈向明. 质的研究方法与社会科学研究 [M]. 北京：教育科学出版社，2000.

[3] 陈永明. 现代教师论 [M]. 上海：上海教育出版社，2001.

[4] 卡西尔. 人论 [M]. 甘阳，译. 北京：西苑出版社，2003.

[5] 费孝通. 费孝通论文化与文化自觉 [M]. 北京：群言出版社，2007.

[6] 傅道春. 新课程中教师行为的变化 [M]. 北京：首都师范大学出版社，2001.

[7] 胡塞尔. 欧洲科学危机和超验现象学 [M]. 张庆熊，译. 上海：上海译文出版社，2005.

[8] 黄甫全. 新课程中的教师角色与教师培训 [M]. 北京：人民教育出版社，2003.

[9] 教育部师范教育司. 教师专业化的理论与实践 [M]. 北京：人民教育出版社，2001.

[10] 威斯勒. 人与文化 [M]. 钱岗南，傅志强，译. 北京：商务印书馆，2004.

[11] 李瑾瑜，柳德玉，牛震乾. 课程改革与教师专业发展 [M]. 北京：中国人事出版社，2002.

[12] 柳斌. 中国著名特级教师教学思想录：上卷 [M]. 南京：江苏教育出版

社，2000.

[13] 柳斌. 中国著名特级教师教学思想录：下卷 [M]. 南京：江苏教育出版社，2000.

[14] 刘捷. 专业化：挑战 21 世纪的教师 [M]. 北京：教育科学出版社，2002.

[15] 马斯洛. 人本主义哲学 [M]. 成明，译. 北京：九州出版社，2003.

[16] 阿普尔. 文化政治与教育 [M]. 阎光才，等，译. 北京：教育科学出版社，2005.

[17] 帕尔默. 教学勇气：漫步教师心灵 [M]. 吴国珍，余巍，等，译. 上海：华东师范大学出版社，2005.

[18] 石中英. 知识转型与教育改革 [M]. 北京：教育科学出版社，2001.

[19] 苏霍姆林斯基. 怎样培养真正的人 [M]. 北京：教育科学出版社，2000.

[20] 派纳，雷诺兹，斯莱特里，等. 理解课程：上 [M]. 张华，等，译. 北京：教育科学出版社，2003.

[21] 叶澜，白益民，王枬，等. 教师角色与教师发展新探 [M]. 北京：教育科学出版社，2001.

[22] 郑金洲. 教育文化学 [M]. 北京：人民教育出版社，2005.

[23] 佐藤学. 课程与教师 [M]. 钟启泉，译. 北京：教育科学出版社，2003.

[24] 张容. 高校青年教师理想信念教育思考及对策探究——以地方本科院校青年教师为例 [J]. 遵义师范学院学报，2020（03）：100-102＋106.

[25] 陈兵. 教师信念与教学风格的关系 [J]. 江西教育科研，2007（08）：89-91.

[26] 陈嘉明. 信念、知识与行为 [J]. 哲学动态，2007（10）：53-59.

[27] 陈力军，张学军. 信念的形成 [J]. 西北师大学报（社会科学版），2001（06）：89-93.

[28] 戴振宇. 信念：西方心灵哲学研究的新领域 [J]. 荆门职业技术学院学报，2002（01）：16-19＋95.

[29] 黄素珍. 信念与责任视域中的教师伦理 [J]. 学术研究，2020（06）：24-

29+177.

[30] 何翼，赵海洪. 对教师信念的概念性认识 [J]. 宜宾学院学报，2006
　　 (05)：115-116.

[31] 胡军，张学森. 信念与信仰的异同及现实意义 [J]. 教学与研究，2004
　　 (08)：79-82.

[32] 胡元林. 哲学语境下的信念质析 [J]. 哈尔滨学院学报，2005 (01)：
　　 19-22.

[33] 姬建峰. 论教师的教育信念与教师专业化发展 [J]. 教育与职业，2006
　　 (26)：47-49.

[34] 鲍春荣. 混合教学模式探索中的教师信念发展研究 [J]. 长春师范大学学
　　 报，2020 (05)：145-151.

[35] 张国栋. 教学研究与教师信念的关系 [J]. 黄冈师范学院学报，2008
　　 (04)：49-51.

[36] 赵昌木. 论教师信念 [J]. 当代教育科学，2004 (09)：11-14.

[37] 高一波，李秀萍. 认知发展理论视角下的教师信念及其建构与重塑路径
　　 [J]. 西安航空学院学报，2018 (06)：78-81.

[38] 吴金航，朱德全. 教师教学信念的内生机制及其培育 [J]. 中小学教师培
　　 训，2019 (02)：1-5.

[39] 王祥. 六十年来国内"教师信念"研究的可视化分析 [J]. 黑龙江高教研
　　 究，2019 (02)：103-109.

[40] 董海霞. 论教师教育信念的文化性格 [J]. 当代教育科学，2019 (03)：
　　 56-58+96.

[41] 吴金航. 论教师教学信念的双重价值 [J]. 新余学院学报，2019 (05)：
　　 122-125.

[42] 刘桂辉，常攀攀. 教学场域中教师教学行为的规约与释放 [J]. 教师教育
　　 研究，2017 (01)：87-92.

[43] 赵荷花. 论教育信念在教师专业发展中的作用 [J]. 临沂师范学院学报，

2007（04）：130-133.

［44］陈杨力. 教师教育信念的层次结构与"演进"方式初探——以初任教师为例［D］. 南京：南京师范大学，2004.

［45］吕国光. 教师信念及其影响因素研究［D］. 兰州：西北师范大学，2004.

［46］谢翌. 教师信念：学校教育中的"幽灵"——一所普通中学的个案研究［D］. 长春：东北师范大学，2006.

［47］ROEHRIG G H，KRUSE R A. The Role of Teachers' Beliefs and Knowledge in the Adoption of a Reform-Based Curriculum ［J］. School Science & Mathematics，2005，105（8）：412-422.

［48］PAJARES M F. Teachers' Beliefs and Educational Research：Cleaning Up a Messy Construct ［J］. Review of Educational Research，1992，62（3）：307-332.

［49］SAHIN C，BULLOCK K，STABLES A. Teachers' Beliefs and Practices in Relation to their Beliefs about Questioning at Key Stage 2 ［J］. Educational Studies，2002，28（4）：371-384.

［50］STAHL S A，PAGNUCCO J R，SUTTLES W. First Graders' Reading and Writing Instruction in Traditional and Process-Oriented Classes ［J］. The Journal of Educational Research，1996，89（3）：131-144.

［51］FANG Z H. A review of research on teacher beliefs and practices ［J］. Educational Research，1996，38（1）：47-65.

后　记

　　初夏的星城，绿树成荫，鸟鸣声声，静谧且自在着。回首我已走过的历程，有欢笑，有泪水，有退缩，有迷茫，有成功，有失败，好在我都坚持了下来。我一直认为，正是这人生旅途的踯躅前行，才让我认清自己，让我找到人生的方向，使我的生命不断成长，不断丰富，不断充实。

　　对于教师信念的研究，源于十多年前的一次调研。当我们跋山涉水来到国境线上，看到低矮的校舍，看到孩子们渴望知识的眼神，看到在乡村小学工作30年，身兼数职的教师时，感动颇多。这也促使我一直思考，是怎样的力量让教师坚守清贫的岗位？是怎样的力量让老师奉献一生？不断地走访，不断地对话，不断地践行，终于使我明白，教师信念对教师专业认同、自我成长与自我发展的重要意义与作用。

　　教育的本真就是关注生命存在的价值与意义，引导生命的自我超越与创造。教师信念的研究，就是了解与感悟教师对于生命意义的理解、生命智慧的生成与生命价值的体现。

教师信念的产生与发展，与教师所处的社会文化环境以及生态系统息息相关。教师个体对于初心的理解、对于自身的定义、对于生命的阐释，都会随着教师自身的发展不断完善。而教师专业发展的历程，同样也是教师信念不断筛选与淬炼的过程，教师信念的完善与其专业发展两者相辅相成，相融共生。

于我而言，这本拙作，不啻为我的人生历程中最艰苦也最刺激的挑战。选题之初的雄心壮志，被研究过程中方法的固化、思维的僵化所造成的困难和障碍所磨灭，以至于写作时茫然无措，无从下笔，这些烦恼和困惑无时无刻不在影响着我的心境，磨炼着我的意志。

回首撰写书稿的这段时光，可以说是经历了一个"看山是山"到"看山不是山"再到"看山又是山"的过程，虽然很辛苦，却感觉很踏实。前面的路纵有坎坷崎岖，但仍须努力。唯有在无比坚定的信念指引下，收拾好心情，继续前行。

"向之所欣，俯仰之间，已为陈迹。"而我们，一直在经历！

谨以此后记献给驻守我生命中的每一个人！

李家黎

2020 年 7 月